Sabine Mattern
Auswandern nach Australien
Viele Tipps und Infos zu Visum und Einreise,
Jobsuche und Leben in Australien

Sabine Mattern

Auswandern nach Australien

Viele Tipps und Infos zu Visum und Einreise, Jobsuche und Leben in Australien

Herausgegeben von Ertay Hayit

Hayit, Köln

Die Informationen in diesem Buch sind mit größtmöglicher Sorgfalt zusammengetragen. Für die Richtigkeit der Angaben wird seitens der Autorin und des Verlags jedoch keine Gewähr übernommen. Es liegt in Ihrer eigenen Verantwortung, sich bei den zuständigen australischen Stellen und Behörden verbindlich zu informieren.

Anregungen und Kommentare an die Verlagsadresse oder per E-Mail an info@australienauswandern.de sind gerne gesehen.
www.australienauswandern.de

ISBN 3-87322-082-2

Impressum:
Herausgeber: Ertay Hayit, M.A.
Autorin: Sabine Mattern, M.A.
Redaktion: Cornelia Auschra, M.A.
Produktion: Mundo Marketing GmbH

Einige Texte in den Kapiteln III und VI basieren auf den entsprechenden Kapiteln aus folgenden Büchern:
Eva Langley: Australien. Preiswert reisen, Hayit, Köln
Ulf Honold und Roger Bendisch: Australien. Urlaubsberater, Hayit, Köln

2. aktualisierte Auflage 2005

Verlagsadresse:
Hayit Medien, eine Unit von Mundo Marketing GmbH
Schreberstr. 2, D-51105 Köln
Tel. 02 21 / 92 16 35 - 0, Fax 02 21 / 92 16 35 - 24
E-Mail: info@hayit.de
www.hayit.de

Auswandern nach Australien

Australien ist nach wie vor ein begehrtes Ziel für Auswanderer. Ob man sich eine bessere Lebensqualität und
neue Chancen im Job erhofft oder die räumliche Weite
sucht – es gibt viele Gründe, sich für Australien zu ent-
scheiden.
Der Weg zum Neuanfang in der Wunschheimat ist weit.
Doch dieser Band aus der Reihe Hayit Ratgeber hilft, die Hürden optimal
vorbereitet zu meistern und falschen Vorstellungen vorzubeugen.
Die Autorin hat die Informationen für diesen Leitfaden gewissenhaft
zusammengetragen und mit großer Sorgfalt aufgearbeitet. Der Ratgeber
nimmt dem Leser die aufwendige Recherche ab und macht das kompli-
zierte System australischer Einwanderungs-Bestimmungen verständlich.
Ist die erste Hürde genommen, und das Visum durch die australischen
Behörden genehmigt, kommen noch viele Fragen auf den Auswanderer zu.
Ein großer Teil des Buchs befasst sich daher mit allen wichtigen Themen
wie Umzug, Jobsuche, soziale Sicherheit und Leben in Australien.
Der landeskundliche Teil bietet Hintergrundinformationen zum Kontinent
und stellt die Bundesstaaten und Territorien mit den wichtigsten Städten
und Regionen im Einzelnen vor. Einen Reiseführer will das Buch allerdings
nicht ersetzen, sondern es versteht sich als kompetente Materialsammlung zum Thema „Auswandern nach Australien" inklusive der wichtigsten
Adressen und einer Übersicht über die interessantesten Internetseiten.

Ertay Hayit, M.A.
Herausgeber

Die Autorin

Die Autorin **Sabine Mattern** hat sich lange Zeit mit dem
Thema Auswandern nach Australien beschäftigt. Ihre
reichhaltige Materialsammlung hat sie für dieses Buch
nutzbringend aufbereitet.
Sabine Mattern lebt und arbeitet als freie Journalistin in
Berlin.

Inhalt

Auswandern ... nichts leichter als das?

Ein neues Leben beginnen, alles hinter sich lassen – ein Menschheitstraum, den schon viele geträumt, aber längst nicht alle wahr gemacht haben.

Blickt man in die Vergangenheit, so hat es das Phänomen *Auswanderung* schon immer gegeben. Lediglich die Hintergründe haben sich im Lauf der Zeiten verändert.

Es sind heute nicht nur rein pragmatische Erwägungen, die gerade Australien als Einwanderungsland für uns Mitteleuropäer so attraktiv machen, sondern auch die etwas verklärte Vorstellung vom Paradies am entgegengesetzten Ende der Welt.

Doch wer glaubt, allein der feste Entschluss, der alten Heimat auf immer den Rücken zu kehren, Haus und Hof zu veräußern und alsbald auf gepackten Koffern zu sitzen, genüge, um das große Abenteuer Auswanderung anzugehen, der irrt gewaltig.

Längst nicht jeder potenzielle Emigrant kann seinen Traum vom Leben auf dem Fünften Kontinent auch realisieren. Australiens Regierung hat in puncto *migration* eine klare und strenge Reglementierung, die lediglich einem begrenzten und fest definierten Personenkreis die Einwanderung ermöglicht.

Ist diese erste und schwerste Hürde erst einmal genommen, beginnt die eigentliche Arbeit: Der Umzug muss in die Wege geleitet werden – eine Aktion, die auch für Organisationstalente eine gewaltige Herausforderung darstellt und in Sachen Aufwand nicht mit einem schlichten Wohnortwechsel von Berlin nach München verglichen werden kann.

Gründe, sein gewohntes Zuhause zu verlassen und sein Glück in Übersee zu suchen, gibt es sicherlich zur Genüge, aber auch Australien ist kein Land, in dem Milch und Honig fließen. Wer das verinnerlicht und nicht mit übersteigerten Vorstellungen übersiedelt, wer seine Chancen (vor allem beruflicher Art) realistisch auslotet und sich nicht in Klischees verliert, wer Eigenschaften wie Flexibilität und Durchhaltevermögen mitbringt, der hat beste Aussichten, in der Fremde schnell heimisch zu werden ... in einem einzigartigen Land voller Schönheit und Exotik, in einem Land mit herzlichen und unkomplizierten Menschen.

I. Eine Überlegung wert

Australien zählt neben den USA und Kanada zu den beliebtesten Fernzielen deutscher Auswanderer. Um seinen Lebensmittelpunkt und unter Umständen den seiner Familie um rund 20.000 Kilometer von Mitteleuropa auf die Südhalbkugel zu verlagern, sollte man jedoch gewichtige Gründe haben. Die etwas vage Vorstellung jedenfalls, sich aus der frustrierenden Arbeitsmarktsituation zu Hause nach *down under* zu flüchten, kann enttäuschende Konsequenzen haben. Arbeitslosigkeit ist auch in Australien kein Fremdwort, und ein Arbeitsplatz wird mit der Einwanderungserlaubnis schließlich nicht mitgeliefert. Auch scheint die bloße Aussicht auf immerwährenden Sonnenschein ein etwas dünnes Argument dafür, sämtliche Brücken hinter sich abzubrechen. Die Motive für eine Auswanderung sind vielfältig und in ihrer Bedeutsamkeit durchaus nachvollziehbar: räumliche Enge, Stress, Zukunftsangst, Politikverdrossenheit, Zivilisationsmüdigkeit, wachsende Ausländerfeindlichkeit, menschliche Kälte ... aber auch Fernweh und Freiheitsdrang.

Bevor Sie einen Beschluss fassen, wägen Sie die Für und Wider einer so weitreichenden Aktion ab und beziehen Sie alle Beteiligten (Partner, Kinder) in die Entscheidungsfindung ein. Lassen Sie auch die finanzielle Seite nicht außer Acht. Kalkulieren Sie die anfallenden Kosten sorgfältig und gewissenhaft, um später keine böse Überraschung zu erleben. Das Unternehmen „Auswanderung" verschlingt beachtliche Summen, angefangen von Visumgebühren bis hin zu Frachtkosten. Auch die erste Zeit nach der Ankunft in Australien, wenn noch kein neuer Job für materielle Sicherheit sorgt, will mit ausreichenden Mitteln und sorgenfrei bestritten werden. Und auch in der größten Begeisterung sollte eine mögliche Rückwanderung in den pekuniären Erwägungen einen Platz haben.

Bedenken sollte man auch, dass das Leben in Australien nicht mit dem gewohnten zu vergleichen ist. Unterschiede im Bildungssystem, in der Sozialstruktur, im Hinblick auf Wertvorstellungen und Mentalität der Menschen und anderes mehr setzen eine gute Portion Anpassungsvermögen voraus.

Do you speak English? Eine Frage, die jeder Auswanderungswillige mit einem eindeutigen Ja beantworten sollte. Vor allem die Sprachkenntnisse derer, die sich auf dem australischen Arbeitsmarkt erfolgreich behaupten wollen, sollten über die Fähigkeit eines Smalltalks hinausgehen. Das sieht die australische Einwanderungsbehörde genauso und macht in einigen Visumkategorien unter anderem akzeptables Englisch mit zur Voraussetzung für einen positiven Einwanderungsbescheid.

Was macht gerade Australien zum Ziel Ihrer Sehnsüchte? Wäre ein Umzug beispielsweise in die Toskana oder nach Mallorca nicht viel einfacher zu bewerkstelligen? Auch darauf sollten Sie die Antwort kennen.

Nicht eben unwichtig ist die Überlegung, aus welcher Quelle Sie Ihre Landeskenntnisse schöpfen: Haben Sie den Fünften Kontinent in der Vergangenheit bereist und den australischen *way of life* lieben gelernt? Oder kennen Sie das Land lediglich vom Hörensagen oder aus Büchern und Zeitschriften? Bevor Sie erste kostenintensive Maßnahmen in Sachen Auswanderung ergreifen, sollten Sie sich ausführlich mit Land und Leuten auseinander gesetzt haben. Nur so kann Ihr zukünftiges Leben in Australien auch wirklich eine Zukunft haben.

In eigener Sache

Dieses Buch ist ein Leitfaden für Auswanderer nach Australien. Es hilft Ihnen, in dem nicht ganz leicht zu überschauenden System australischer Einwanderungsregularien den Überblick zu bewahren und an die wichtigsten Schritte zu denken, die bis zur Ankunft in der neuen Heimat zu tun sind. Es gibt gezielte Informationen und macht Sie mit dem Land vertraut.

Allerdings dringt es ganz bewusst nicht bis in die Einzelheiten bürokratischer Bestimmungen ein, da dies mehr Verwirrung als Klarheit schaffen und zudem den Rahmen des Ratgebers sprengen würde. Außerdem ist jeder „Fall" individuell und verlangt nach einer ebensolchen Betrachtung. Etliche wertvolle Hinweise, nicht zuletzt in Form von Anschriften, Telefon- und Faxnummern, Internet- und E-Mail-Adressen, sind mit großer Sorgfalt in diesem Buch für Sie zusammengestellt und dienen dazu, problemlos an weiterführende Informationen zu gelangen.

Wer sich mit dem Gedanken an Auswanderung trägt, muss reichlich Eigeninitiative entwickeln. Vieles muss in Erfahrung gebracht, vieles in die Wege geleitet werden. Verschleudern Sie nicht Ihr Geld und stellen unvorbereitet Einwanderungsanträge, die zudem wenig Aussicht auf Erfolg hätten. Verlassen Sie sich nicht auf einmal Gehörtes aus zweiter Hand und geben Sie sich nicht mit dem Lesen einer einzigen Publikation zufrieden. Nutzen Sie vielmehr alle Möglichkeiten (wie im Folgenden vorgestellt), sich ausführlich und ganz aktuell zu informieren. Bestimmungen ändern sich immer wieder, und was heute noch *up to date* ist, kann morgen bereits überholt sein.

Sydneys Wahrzeichen: Opera House (vorne) und Sydney Tower (hinten links)

II. Die erste Hürde: das Visum

Informationsquellen
Es gibt etliche Methoden, sich ganz allgemein über Australien, aber auch gezielt zu Auswandererfragen zu informieren.

Internet
Im Zeitalter weltweiter elektronischer Vernetzung bietet das Internet die Informationsquelle schlechthin. Um durchs Internet zu *surfen*, braucht man vor allem eines: Zeit. Auch wenn ganz konkrete Internetadressen vorliegen und man sich nicht erst über diverse Suchmaschinen langsam vortasten muss, braucht es manchmal schon etwas Geduld, um die entscheidenden Informationen aufzuspüren. Durch die zahlreichen *Links* und Querverweise läuft man nämlich schnell Gefahr, sich zu verzetteln und das eigentliche Ziel aus den Augen zu verlieren. Andererseits sind die Vorteile des Internets unschlagbar: Nirgends kommt man, ohne sich von der Stelle zu bewegen, an so vielfältige und umfassende Auskünfte heran, die sich zudem auf dem neuesten Stand bewegen – immer vorausgesetzt, die Webseiten werden regelmäßig gepflegt.
Viele wichtige Internet- und E-Mail-Adressen finden Sie zusammen mit den jeweiligen Postanschriften in den entsprechenden Kapiteln und im Anhang dieses Buches.

An dieser Stelle soll nur ein Service genannt werden, der via Internet 1001 Informationen zu Australien zur Verfügung stellt – zudem in deutscher Sprache. Die Palette reicht von Ortsbeschreibungen über Fakten zur Landeskunde bis zu einem „Schwarzen Brett", das Australienfans die Möglichkeit gibt, Erfahrungen auszutauschen, Antworten auf Fragen zu bekommen – sehr geeignet, sich einen ersten Überblick zu verschaffen.
Und die Adresse: www.australien-info.de

Deutsche Botschaft
Um Hilfestellung bei der Auswanderung nach Australien und allen damit verbundenen Fragen (z.B. Arbeitssuche) zu bekommen, ist die deutsche Vertretung in Canberra sicher nicht die erste Wahl. Beim Blick auf die Webseiten der Botschaft wird man diesbezüglich gleich an den Informationsservice der Australischen Botschaft Berlin bzw. der australischen Einwan-

derungsbehörde verwiesen. Für deutsche Staatsangehörige, die auf dem Fünften Kontinent leben, erfüllt die Deutsche Botschaft Canberra im Rahmen rechtlicher Angelegenheiten jedoch eine wesentliche Funktion. (Österreicher und Schweizer erfahren die für sie relevanten Adressen aus dem Kapitel *II./Informationen für Österreich und die Schweiz*.)

Botschaft der Bundesrepublik Deutschland
119 Empire Circuit, Yarralumla ACT 2600, Australia
Tel.: 0061-2-6270 1911 (Mo 8-17 Uhr, Di-Do 8-16.30 Uhr, Fr 8-14 Uhr)
Fax: 0061-2-6270 1951
E-mail: info1@germanembassy.org.au
www.germanembassy.org.au

Im Anhang dieses Buches und im Internet unter www.germanembassy. org.au/de/botschaft/adresse/ finden Sie die Adressen und Öffnungszeiten sämtlicher deutscher Generalkonsulate und Honorarkonsuln in allen Bundesstaaten und Territorien Australiens.

Australische Botschaft / Australische Einwanderungsbehörde
Wer auf dem Fünften Kontinent leben will, ob dauerhaft oder zeitlich begrenzt, erhält bei der Australischen Botschaft und der Einwanderungsbehörde alle relevanten Informationen. Grundsätzlich wendet man sich immer an die australische Vertretung in dem Land, wo man seinen Wohnort hat.
Einen ersten Kontakt mit der Australischen Botschaft in Berlin knüpft man am einfachsten über deren telefonischen Ansagedienst, der tagsüber von Montag bis Freitag abrufbar ist. Eine freundliche Stimme vom Band führt Sie auf Deutsch und per Tastenwahl durch ein Programm und erteilt Ihnen allgemeine Auskünfte in Visumangelegenheiten. Man erhält einen groben Überblick über die verschiedenen Visumkategorien und die jeweils anfallenden Antragsgebühren. Des Weiteren erfährt man eine Reihe von Telefonnummern, über die man, falls man Fragen hat, mit den zuständigen Sachbearbeitern reden kann. Ein deutlicher Nachteil dieser Telefonansage: Sich Notizen zu machen, ist schwierig –die Ansage erfolgt sehr schnell.
Sinnvoller ist da die Recherche im Internet. Auf den Webseiten von Botschaft bzw. Einwanderungsbehörde (DIMA) findet sich viel Wissenswertes rund um Australien: Wirtschaft und Technologien, Bildung, Lebensart, ergänzt durch wertvolle Hinweise auf weitere Internetanschriften (für Jobsuchende nicht uninteressant). Spezielle Informationen zu den für Auswanderer entscheidenden Visumkategorien sind jedoch alle in englischer Spra-

che abgefasst. Besonders unter www.immi.gov.au kann man sich umfassend und topaktuell über die einzelnen Visumklassen und alle damit zusammenhängenden Fragestellungen informieren: Zielgruppen, Voraussetzungen und Bedingungen, Punktetests, Bürgschaften, Kosten, medizinische Untersuchungen, Auswanderungsagenten u.v.m. Auch für die Zeit nach der Ankunft in der neuen Heimat werden viele Tipps gegeben. (S. auch *II./Informationen für Österreich und die Schweiz*)

Australische Botschaft
Wallstraße 76-79, 10179 Berlin
Öffnungszeiten / allg.: Mo-Do 8.30-17, Fr 8.30-16 Uhr
E-Mail: info@australian-embassy.de (nicht für Visumfragen)
E-Mail: firstenquiries.berlin@dfat.gov.au (für Visumfragen)
Öffnungs- und Telefonzeiten für Visumfragen: Mo-Do 14-17, Fr 14-16 Uhr
Telefonnummern:
030 / 88 00 88-0 (telefonischer Ansagedienst vom Band)
030 / 88 00 88 185 (Praktikanten-, Studentenvisum, befrist. Aufenthalt)
030 / 88 00 88 186 (Besuchervisum, working-holiday-maker-Visum, Geschäftsaufenthalt)
030 / 88 00 88 187 (Einwanderung)
Faxnummern: 030 / 88 00 88-210
030 / 22 48 92 91 (Besuchervisum)
030 / 22 48 92 92 (Studentenvisum)
030 / 22 48 92 93 (Einwanderung)
www.australian-embassy.de (Australische Botschaft Berlin)
www.immi.gov.au (Australische Einwanderungsbehörde)

Booklets

Wer sich im Internet umsieht, wird schnell entdecken, dass für die Einwanderung nach Australien bzw. einen Daueraufenthalt eine Unterteilung in acht verschiedene Visumkategorien (die sich wiederum in mehrere Unterklassen aufsplitten lassen) besteht. Zu jeder dieser Hauptkategorien hat das *Department of Immigration and Multicultural Affairs* (DIMA) ein sogenanntes *booklet* veröffentlicht. Diese englischsprachigen Broschüren beinhalten alle relevanten Informationen zu der jeweiligen Visumklasse.
Voraussetzung ist natürlich, dass man weiß, innerhalb welcher Kategorie man den Einwanderungsantrag stellen will. Eine Übersicht und kurze Beschreibung der Visumkategorien gibt das Formblatt 1126i *Migrating to Australia*. Es kann kostenlos aus dem Internet heruntergeladen werden (www.immi.gov.au), bei den Versandhäusern der Botschaft (in Deutschland:

Australia Shopping World in München) bestellt oder bei der Australischen Botschaft direkt abgeholt werden.
In den *permanent visa*-Kategorien sind die folgenden booklets erhältlich:

Booklet 1: Partner Migration
Booklet 2: Child Migration
Booklet 3: Parent Migration
Booklet 4: Other Family Migration
Booklet 5: Employer Sponsored Migration
Booklet 6: General Skilled Migration
Booklet 7: Business Skills Migration
Booklet 8: Special Migration

Die *booklets* geben Auskunft über Grundvoraussetzungen (*basic requirements)* wie Alter, Sprachkenntnisse, Berufserfahrung, informieren über Kosten und Gebühren, über Gesundheits- und Charakternachweise, stellen die einzelnen Kategorien und *subclasses* detailliert vor, nennen Adressen u.v.m. Außerdem liefern sie die Antragsblätter und sonstigen notwendigen Formulare (z.B. Bürgschaft) mit. Die *booklets* können gratis von der Website www.immi.gov.au/allforms/index.htm als pdf-Datei heruntergeladen werden. Als gedruckte Version bekommt man sie in Deutschland bei:

Australia Shopping World
Dachauer Straße 109, 80335 München
Tel. 089 / 5 42 83 91, Fax 089 / 52 31 54 87

Schreiben Sie an Australia Shopping World München einen kurzen Brief, in dem Sie das gewünschte *booklet* nennen, und legen Folgendes bei:
– einen DIN A4-Rückumschlag, den Sie ausreichend frankiert (1,44 Euro) und mit Ihrer eigenen Adresse versehen haben;
– einen Verrechnungsscheck über 5 Euro für *booklets* 1-4, 10 Euro für *booklets* 5-8, auf dem als Empfänger die Australische Botschaft Berlin vermerkt ist. Die Preise ändern sich häufig, am besten erkundigt man sich vorher.
Wenn Sie sich bezüglich der Wahl des richtigen *booklets* unsicher sind (obwohl Sie das Informationsblatt 1126i gelesen haben), dann erläutern Sie in Ihrem Brief Ihr Anliegen näher. Man wird Ihnen dann das Richtige zuschicken.(S. auch *II./Informationen für Österreich und die Schweiz.)*
Übers Internet lassen sich die *booklets* auch online bestellen (10 A$):
www.immi.gov.au/allforms/order.htm

Literatur / Kataloge / Broschüren

Eine gute Adresse für Literatur zum Thema Australien ist die **Australia Shopping World GmbH**, die außer in München (Adresse s.o.) auch noch Läden in Wiesbaden und Köln betreibt. Zum Angebot (Katalog anfordern) gehören neben Sachbüchern, Bildbänden, Reiseführern, Romanen und Landkarten auch Bücher speziell für Auswanderer oder Ratgeber für Menschen, die in Australien ein Geschäft aufbauen wollen (Firmen-, Finanz- und Investinformationen). Außerdem können Sie –als Einstimmung auf Ihr zukünftiges Leben in *down under* –CDs und Videokassetten, Kleidung und Lebensmittel, Kuscheltiere und Kunsthandwerk bestellen.

Australia Shopping World
Marktplatz 13, 65183 Wiesbaden
Tel. 06 11 / 3 08 25 45, Fax 06 11 / 9 00 39 18
Friesenwall 118, 50672 Köln
Tel. 02 21 / 12 16 17 o. 1 39 32 93, Fax 02 21 / 9 13 06 50
E-Mail: australia@australiashop.com
www.australiashop.com

Eine weitere Anlaufstelle auf der Suche nach Informationen für Auswanderer ist die **Deutsch-Australische Industrie- und Handelskammer.**
Unter www.germany.org.au/public.htm kann man die Liste der Veröffentlichungen einsehen, in der neben Titel, Erscheinungsjahr und Preis auch noch eine knappe Inhaltsangabe der lieferbaren Bücher gegeben wird. Die Themenspanne der Kammerpublikationen ist weitgefächert und reicht von der Unternehmensgründung über australisches Arbeits-, Miet- und Gesellschaftsrecht bis hin zu Genehmigungsrichtlinien für Investitionen und einem Verzeichnis deutscher Unternehmen in Australien.

German-Australian Chamber of Industry and Commerce
Level 10, 39-41 York St, Sydney NSW 2000, Australia
Tel. 0061 / 2 / 82 96 04 00, Fax 0061 / 2 / 82 96 04 11
www.germany.org.au, E-Mail: info@germany.org.au

Suite 2, Level 5, 14 Queens Road, Melbourne VIC 3004 Australia
Tel. 0061 / 3 / 98 67 11 98, Fax 0061 / 3 / 98 67 11 99
E-Mail: gccmel@germany.org.au

Aus den Katalogen, die Sie über das **Australische Fremdenverkehrsamt** beziehen können, lernen Sie den Fünften Kontinent natürlich nur von seiner Zuckerseite kennen, denn alles, was Sie hier über Sehenswürdigkeiten und Naturschönheiten, Sport- und Freizeitmöglichkeiten erfahren, ist auf rein touristische Zwecke zugeschnitten.

Australian Tourist Commission
Neue Mainzer Straße 22, 60311 Frankfurt / Main
Tel. 069 / 27 40 06-22, Fax 069 / 27 40 06 40
www.australia.com

Tourism New South Wales c/o The Mangum Group
Sonnenstr. 9, 80331 München
Tel. 089 / 23 66 21 28, Fax 089 / 23 66 21-99
E-Mail: europe@tnsw-europe.com, www.sydneyaustralia.com

Tourism Queensland c/o The Mangum Group
Sonnenstr. 9, 80331 München
Tel 089 / 23 17 71 77, Fax 089 / 2 60 35 30
E-Mail: info@queensland.de, www.queensland.de

Northern Territory Tourist Commission
Bockenheimer Landstraße 45, 60325 Frankfurt / Main
Tel. 069 / 71 91 44-0, Fax 069 / 71 91 44 22
E-Mail: nttc_frankfurt_m@t-online.de, www.australias-northern-territory.de

Tourism Victoria
Tilsiter Straße 12, 64354 Reinheim
E-Mail: tourvic.frankfurt@tourism.vic.gov.au
www.visitmelbourne.com/de

South Australian Tourism Commission c/o The Mangum Group
Sonnenstr. 9, 80331 München
Tel. 089 / 23 66 21 37, Fax 089 / 23 66 21 99
E-Mail: southaustralia@mangum.de, www.southaustralia.com

Tourism Tasmania
Level 2, 22 Elizabeth Street
Hobart, Tasmania 7000, Australia
Tel. 0061 / 3 / 62 30 82 35, Fax 0061 / 3 / 62 30 83 53
E-Mail: reception@tourism.tas.gov.au
www.tourismtasmania.com.au

Western Australian Tourism Commission (WATC)
Franziskanerstraße 15, 2. Etage, 81669 München
Tel. 089 / 44 11 95 80, Fax 089 / 44 11 95 82
E-Mail: wa-info@tourism.wa.gov.au
www.westernaustralia.net

Bundesverwaltungsamt

Das Bundesverwaltungsamt in Köln fungiert im Rahmen seiner Gesamt-
tätigkeit auch als „Informationsstelle für Auswanderer und Auslandstätige"
und nimmt dabei vielfältige Aufgaben wahr. Das BVA hat zu Australien eine
interessante Länderinformationsschrift herausgegeben, in der zu Themen
wie Einreise, Arbeit, Wohnen, Bildung, Steuern u.a. elementares Wissen
vermittelt wird. Leider ist die vorhandene Ausgabe in einigen wesentlichen
Punkten nicht mehr auf dem neuesten Stand. Erhältlich ist die gut 50 Seiten starke Broschüre für 10 Euro über die „Auskunfts- und Beratungsstellen für Auslandstätige und Auswanderer" (s. *Beratungsstellen*).

Bundesverwaltungsamt Köln
Referat II B 6
50728 Köln
Tel. 01888 / 3 58-0, Fax 01888 / 3 58 48 29
E-Mail: bva.eures@netcologne.de
www.bundesverwaltungsamt.de

Die *„Informationen für Auswanderer und Auslandstätige"* −abrufbar über
das Internet oder per Post, Fax oder E-Mail anzufordern beim BVA in Köln
−enthalten ein vollständiges Verzeichnis aller Auskunfts- und Beratungsstellen in Deutschland (s.a. „Adressen von Beratungsstellen" im Anhang).

Beratungsstellen

Mit Ausnahme von Thüringen und Bremen finden Sie in allen deutschen
Bundesländern Beratungsstellen, die Ihnen bei einer geplanten Auswanderung wertvolle Hilfe zukommen lassen (Adressen s. Anhang). Träger dieser
Einrichtungen sind verschiedene Wohlfahrtsverbände: Deutsches Rotes
Kreuz, Diakonisches Werk der Evangelischen Kirche in Deutschland,
Raphaelswerk / Dienst am Menschen unterwegs e.V., Verein für Internationale Jugendarbeit e.V. Das Bundesverwaltungsamt unterstützt die Arbeit
der Beratungsstellen maßgeblich. Das dortige geschulte und erfahrene Personal ist mit allen Fragen der Auswanderung vertraut und auch gerne
bereit, beim Ausfüllen der Antragsformulare zu helfen.

Es gibt keine einheitliche Regelung zu den Beratungskosten. Dort, wo eine Gebühr anfällt, bewegt sie sich im bescheidenen Rahmen (ca. 35 Euro).

Wie informiere ich mich richtig?

Es gibt etliche Möglichkeiten, sein Auswanderungsvorhaben gut informiert auf den Weg zu bringen. Im Idealfall sollte man sich Zeit lassen und alle Angebote nutzen. Einige werden gleich zu Anfang feststellen, dass sie durch das Raster der australischen Einwanderungspolitik fallen und keine Aussicht auf ein Leben auf dem Fünften Kontinent haben. Alle anderen sollten herausfinden, wie hoch die Wahrscheinlichkeit wirklich ist, dass ihnen ein *permanent visa* genehmigt wird, bevor sie viel Geld für Anträge, Übersetzungen, Untersuchungen etc. ausgeben, die im Falle einer Ablehnung nicht zurückgezahlt werden. Dazu nutzt man am besten das Angebot im Internet, studiert die *booklets* sehr sorgfältig und wendet sich bei Fragen an die Sachbearbeiter der zuständigen Australischen Botschaft oder an die bundesweiten Beratungsstellen. Wichtig ist es vor allem, die Aussichten in beruflicher Hinsicht auszuloten (s. *IV./Arbeitssuche von zu Hause* und *V./Arbeiten in down under*) – bevor man den Antrag auf Einwanderung stellt.

Die Antragstellung

Ob Tourist, Geschäftsreisender oder Einwanderer – wer nach Australien einreist, benötigt ein Visum. Je nach Dauer und Zweck des Aufenthaltes werden verschiedenste Visumformen und -kategorien unterschieden. An jede dieser Visumklassen sind ganz individuelle Anforderungen und Auflagen geknüpft, die jeweils mit einem mehr oder weniger großen Aufwand zu erfüllen sind.

A: Befristeter Aufenthalt
Besucher

Für Touristen, die sich nicht länger als drei Monate auf dem Fünften Kontinent aufhalten wollen, bietet Australien in der Regel (Einschränkungen möglich) eine denkbar unkomplizierte Form der Visumerteilung an: ein elektronisches Visum (*Electronic Travel Authority*). Mit dem *ETA* kann man innerhalb eines Jahres mehrfach einreisen, wobei der jeweilige Aufenthalt die Dauer von drei Monaten nicht überschreiten darf. Die Vorteile des ETA liegen auf der Hand: Es ist gebührenfrei, muss nicht umständlich beantragt werden, sondern kann direkt von Reisebüro (Bearbeitungsgebühr möglich) bzw. Fluggesellschaft ausgestellt werden. Dabei werden Angaben aus

Ihrem Reisepass in ein spezielles ETA-Computersystem eingegeben. Dass Sie über eine gültige Einreisegenehmigung verfügen, erkennt das Schalterpersonal Ihrer Fluggesellschaft beim Einchecken im Computer.

Planen Sie einen längeren Aufenthalt (über drei Monate), dann benötigen Sie ein reguläres Besuchervisum. Dieses ist bei der Australischen Botschaft zu beantragen, die eine Gebühr in Höhe von 36 Euro verlangt.

Geschäftlicher Aufenthalt

Dauert Ihre Geschäftsreise bzw. Ihr geschäftlicher Aufenthalt in Australien maximal drei Monate, kommt im Allgemeinen ein elektronisches Geschäftsvisum, *ETA*, für Sie in Frage (das Prozedere ist das gleiche wie beim Besuchervisum).

Man unterscheidet hier zwei verschiedene *ETA*-Formen:

business short ETA (gebührenfrei): erlaubt die einmalige Einreise;

business long ETA (36 Euro Gebühr, zahlbar mit Kreditkarte): ermöglicht die mehrmalige Einreise (für jeweils drei Monate), solange Ihr Reisepass gültig ist.

Ein langfristiges Geschäftsvisum für einen Aufenthalt von über drei Monaten muss bei der Australischen Botschaft beantragt werden (Antragsgebühr).

Long Stay Temporary Business Visa

Ein befristetes Geschäftsvisum, das einen längeren Aufenthalt in Australien ermöglicht, ist auf einen bestimmten Personenkreis zugeschnitten, so zum Beispiel auf Arbeitnehmer, denen eine Anstellung in Übersee zugesagt wurde, oder auf Geschäftsleute, die eine Unternehmensgründung planen.

Um in einem australischen Unternehmen arbeiten zu können, muss Ihr künftiger Arbeitgeber als erstes einen Bürgschaftsantrag bei der DIMA in Australien stellen, der einer Genehmigung bedarf. In einem weiteren Schritt wird er Sie nominieren. Auch hier muss die DIMA zustimmen. Erst dann können Sie Ihr Visum beantragen.

Unter Umständen müssen Sie und Ihre Familie sich einer allgemeinmedizinischen und/oder radiologischen Untersuchung bei einem Vertragsarzt der Australischen Botschaft unterziehen. Diese Verpflichtung steht in Abhängigkeit von der Dauer Ihres Aufenthaltes, dem Alter Ihrer Kinder und Ihrem Beruf/Arbeitsplatz. Für die Kosten der ärztlichen Überprüfung kommen Sie selbst auf. Die genauen Bestimmungen findet man z.B. im Internet unter www.australian-embassy.de, eine Liste der Vertragsärzte im Anhang dieses Buchs.

Befristete Aufenthaltsgenehmigung

Ihrem Wunsch, als *temporary resident* nach Australien einreisen zu dürfen, wird mit zunehmender Wahrscheinlichkeit (wenn auch unter verschiedensten Vorbedingungen) entsprochen, wenn Sie einen irgendwie gearteten Gewinn für das Land darstellen, sei es in wirtschaftlicher, sozialer oder kultureller Hinsicht.

Diese Visumform, die sich in diverse Unterklassen unterteilt, umfasst eine beachtliche Zielgruppe, z.B.:

–Sportler mit Begleitpersonal
–Unterhaltungskünstler mit Begleitpersonal
– *working holiday makers*
–hochqualifiziertes Personal für Bildungs- und Forschungseinrichtungen
–Rentner
–Vertreter religiöser Gruppen
–Medien- und Filmpersonal (Journalisten, Regisseure etc.)
–praktische Ärzte
–Teilnehmer an Spezial- und Austauschprogrammen
–u.v.m.

Für die meisten dieser Unterklassen besteht die Verpflichtung, eine schriftliche Einladung und/oder Bürgschaft und/oder Nominierung nachzuweisen. Letztere müssen vom australischen Arbeitgeber zuvor bei der DIMA eingereicht und von dieser genehmigt worden sein.

Besorgen Sie sich über das Internet (www.australian-embassy.de) oder die Versandhäuser der Botschaft (in Deutschland: *Australia Shopping World*) die Liste der befristeten Visumklassen. Denken Sie beim Einreichen Ihres Antrags daran, die erforderlichen Dokumente (z.B. *sponsorship, nomination, invitation*) mitzuschicken. Ein weiteres Muss ist gegebenenfalls die Vorlage eines polizeilichen Führungszeugnisses (*police good conduct certificate*) oder ein Gesundheitsattest (allgemeinmedizinische und radiologische Untersuchung).

Working holiday-Visum

Eine ideale Gelegenheit für junge Menschen, das Angenehme mit dem Nützlichen zu verbinden, ergibt sich aus dem sogenannten *working-holiday-maker*-Programm. Es ermöglicht 18- bis 30-Jährigen, ein Jahr lang durch Australien zu reisen und innerhalb dieser Zeit Gelegenheitsjobs anzunehmen (wobei nicht länger als drei Monate bei einem Arbeitgeber verbracht werden darf). Das Visum –ein Produkt eines bilateralen Abkommens –wird nur ein Mal gewährt.

Praktikanten und Studenten

Die Einreise nach Australien als Praktikant setzt voraus, dass Sie ein Unternehmen gefunden haben, das Ihnen ein Praktikum (als Bestandteil Ihrer Ausbildung im eigenen Land) anbietet. Bevor Sie jedoch ein Visum bei der Australischen Botschaft beantragen können, muss Ihr australischer Ausbilder eine sogenannte *nomination* für Sie beim dortigen Department of Immigration and Multicultural Affairs einreichen. Diese muss genehmigt und an Sie zurückgeschickt werden. Die *nomination* legen Sie dann Ihren Antragsunterlagen bei.

Wer sich länger als drei Monate in Australien aufhält, um zur Schule zu gehen, die Universität oder einen offiziellen Kursus (z.B. Sprachkursus) zu besuchen, muss ein Studentenvisum bei der Botschaft beantragen. Die Gebühr dafür beläuft sich zurzeit auf 175 Euro.

Sämtliche Antragsformulare, Info- und Merkblätter, auf denen Ihnen u.a. mitgeteilt wird, welche Dokumente Sie Ihren Bewerbungsunterlagen beilegen müssen, bekommen Sie über die Versandhäuser der Botschaft in Ihrem Heimatland (in Deutschland: *Australia Shopping World*, München – legen Sie Ihrer Bestellung einen an Sie selbst adressierten, ausreichend frankierten Rückumschlag in DIN B5 bei; s. auch *II./Informationen für Österreich und die Schweiz*).

B: Daueraufenthalt / Einwanderung

Australien ist ein typisches Einwanderungsland. In den letzten Jahrzehnten haben sich mehrere Millionen Menschen aus aller Herren Länder auf dem Fünften Kontinent niedergelassen. Hier ist das Schlagwort *Multikulti* also nicht nur eine leere Phrase, sondern gelebte Wirklichkeit.

Im Australien der Gegenwart wird die jährliche Zuwanderungsrate staatlich gesteuert; anhand verschiedenster allgemeingültiger Kriterien wird in der Gruppe möglicher Einwanderer gezielt selektiert. Dabei gilt: gleiches Recht für alle. Sie müssen nur die grundlegenden Anforderungen erfüllen, ansonsten geht die Wahrscheinlichkeit, eine Einreisegenehmigung zu erhalten, gegen Null.

Australiens Einwanderungspolitik unterteilt den Strom der Zuwanderer in verschiedene Gruppen:
– Aufnahme von Menschen aus humanitären Gründen (z.B. Flüchtlinge)
– Familienzusammenführung
– Aufnahme im Rahmen des *skill streams*: Unternehmensgründer, Hochqualifizierte (z.B. Facharbeiter) u.ä.

Auf das humanitäre Einwanderungsprogramm soll in diesem Zusammenhang nicht näher eingegangen werden, da in Deutschland bzw. Europa nie-
mand aufgrund seiner Religion oder politischen Einstellung verfolgt wird
und man als Mitteleuropäer natürlich keinen Flüchtlingsstatus genießt.

Exkurs: Begriffe die man kennen muss – Fakten die man wissen sollte

Balance of Family-Test

Der Balance of Family-Test ist entscheidende Visumvoraussetzung in der
sogenannten *Parent Migration* und betrifft grundsätzlich alle Eltern, die
sich im Rahmen dieser Hauptkategorie um die Einreise nach Australien
bewerben, also *working age parent, aged parent* und *designated parents*.
Sein Name gibt schon erste Hinweise auf seine Bedeutung: Der Antragsteller muss nachweisen, dass wenigstens die Hälfte seiner Kinder in Australien lebt bzw. dass die Zahl seiner in Australien lebenden Kinder höher
ist als in irgendeinem anderen einzelnen Land.

Bürgschaft / Nominierung

Sponsorship und *nomination* – zwei Begriffe, die einem im Zusammenhang
mit dem Thema Auswanderung immer wieder begegnen. Ein Großteil
derer, die dauerhaft in Australien leben möchten, müssen einen *sponsor*
oder *nominator* vorweisen, wenn ihr Einreiseantrag positiv beschieden
werden soll.
Der Bürge verpflichtet sich durch seine Unterschrift, Ihnen in den beiden
ersten Jahren Ihres Australienaufenthaltes ausreichende Unterstützung
zukommen zu lassen, um angemessen leben zu können. Die Spanne reicht
dabei von finanziellen Zuwendungen über die Gewährung von Unterkunft
bis hin zu Kinderbetreuung (damit Sie beispielsweise einen Sprachkursus
machen können) und Hilfe bei der Jobsuche. Die Notwendigkeit dieser
rechtlich abgesicherten Unterstützungsmaßnahme erklärt sich aus dem
Umstand, dass Ihnen in den ersten zwei Jahren nach Ihrer Ankunft in Australien die meisten staatlichen Sozialleistungen verwehrt sind.
Die Forderungen, die an einen *nominator* gestellt werden, sind etwas ent-
schärft. Man erwartet von ihm zwar auch entsprechende Hilfestellungen,
allerdings muss er sich nicht in der Form verpflichten wie der *sponsor*.
Im Allgemeinen handelt es sich bei einem Bürgen um einen engen Verwandten (aber in einigen Visumklassen kann auch ein künftiger Arbeitgeber eine Bürgschaftszusage bzw. Nominierung erteilen). An die Übernah-
me einer Bürgschaft sind bestimmte Voraussetzungen geknüpft. Ihr *spon-
sor/nominator* muss:

– australischer Staatsbürger, *permanent resident* oder berechtigter neuseeländischer Staatsbürger sein,
– seinen Wohnsitz in Australien haben,
– mindestens 18 Jahre alt sein.

Assurance of Support (AoS)
Etwas vereinfacht ausgedrückt, könnte man die *Assurance of Support
(AoS)* als eine Steigerung oder erweiterte Form der normalen Bürgschaft
(*sponsorship*) bezeichnen. Hier verpflichtet sich ein *assurer*, den Einwanderer finanziell zu unterstützen und – was ganz wichtig ist – mögliche Sozialleistungen, die Letzterer innerhalb der ersten beiden Jahre empfängt, an
den australischen Staat zurückzuzahlen.
Ein Bürgschaftsbetrag (3500 A$ für den Hauptantragsteller und 1500 A$
für jeden im Visumantrag aufgeführten Angehörigen über 18 Jahre) wird bei
einer bestimmten Bank hinterlegt und verbleibt dort für die Dauer der AoS
(zwei Jahre), bevor er durch *Centrelink* (bietet Beratung und Unterstützung
in allen sozialen Fragen wie Jobsuche und soziale Absicherung, s. auch
IV./Erste Schritte) zurückgegeben wird. Sollte der Einwanderer in den beiden Jahren seit seiner Ankunft in Australien irgendwelche Leistungen
bezogen haben, so wird dieser Betrag von der rückzuzahlenden Bürg-
schaftssumme abgezogen. Im Fall, dass diese nicht ausreicht, um die vom
Einwanderer in Anspruch genommenen staatlichen Zuwendungen auszu-
gleichen, wird sich *Centrelink* wegen der vollständigen Rückzahlung an
den *assurer* wenden – notfalls auf dem Klageweg. (Formular 990i *Charges*
informiert Sie über die Bürgschaftsmodalitäten.)

An die Person, die bereit ist, eine AoS zu erteilen, werden eine Reihe von
Bedingungen gestellt:
– sie muss australischer Staatsbürger oder *permanent resident* oder
berechtigter neuseeländischer Staatsbürger sein,
– sie muss ihren Wohnsitz in Australien haben,
– sie muss mindestens 18 Jahre alt sein,
– sie muss für die vorangegangenen beiden Jahre einen Einkommenssteu-
erbescheid vorlegen,
– sie muss ein Jahreseinkommen von wenigstens 29.857 A$ nachweisen,
wobei sich diese Zahl um 2000 A$ für jeden abhängigen Erwachsenen
und 624 A$ für jedes Kind (ab dem zweiten Kind) in der eigenen Familie
erhöht. Hinzu kommen für die Familie des Einwanderers vergleichbare
Summen: 2000 A$ für jeden Erwachsenen und 624 A$ pro Kind.
Sponsor und *assurer* müssen nicht dieselbe Person sein!

Zuletzt stellt sich die Frage, wer überhaupt eine AoS braucht:
– verwaiste Verwandte
– Eltern
– betagte abhängige Verwandte
– hinterbliebene Verwandte (Bruder, Schwester oder nicht abhängiges Kind
  außerhalb Australiens)
– Pflegepersonen
– Bewerber in den *Family-sponsored*-Kategorien im Rahmen der *General
  skilled migration*.
Aber auch solche Antragsteller, die normalerweise von dieser Vorschrift
nicht erfasst sind, können ihr unterworfen werden, wenn sich abzeichnet,
dass sie dem Staat finanziell auf der Tasche liegen könnten. Die Entscheidung ist Ermessenssache seitens der DIMA.

Skilled Occupations List (SOL)
Bevor Sie sich unter der *General skilled*-Kategorie für die Einwanderung
nach Australien bewerben können, müssen Sie Ihren Beruf fachlich bewerten lassen. Und dabei hilft die *Skilled Occupations List*.
Unterteilt nach vier Hauptgruppen:
– *managers and administrators*
– *professionals*
– *associate professionals*
– *tradepersons and related workers*
führt sie in alphabetischer Reihenfolge Berufe auf, und zwar entsprechend
ihrer Bezeichnung in der sog. *Australian Standard Classification of Occupations* (ASCO).
Weiterhin enthält die Liste für jeden genannten Beruf die jeweilige ASCO-
Nummer, Einschätzungsbehörde (*assessing authority*) und die Punktzahl,
die Ihnen im Punktetest für Ihren Beruf gutgeschrieben wird.
Der SOL schließt sich eine Nennung aller berufseinschätzenden Behörden
(mit Adressen, Telefon- und Faxnummern, Internet und E-Mail) an sowie
eine Beschreibung ihrer Arbeitsweise.
Als Erstes nominieren Sie einen Beruf, der auf der SOL stehen muss. Wenden Sie sich dann an die zuständige *assessing authority*, um Ihre beruf-
lichen/fachlichen Fähigkeiten und Qualifikationen bewerten zu lassen
(Gebühr). Die Einschätzungsbehörde schickt Ihnen (auf Anfrage) vorab ein
Antragsformular und Informationsmaterial.
Bei Fragen helfen Ihnen sowohl die eingangs vorgestellten Beratungsstellen der Wohlfahrtsverbände (Adressen s. Anhang) als auch die Mitarbeiter
in der Australischen Botschaft gerne weiter.

Die komplette SOL mit weiteren Informationen und wichtigen Details finden Sie in *booklet 6 (General Skilled Migration)* oder im Internet: www.immi.gov.au/migration/skilled/sol.htm und www.abs.gov.au

Migration Occupations in Demand List (MODL)
Berufe, für die auf dem australischen Arbeitsmarkt eine Nachfrage besteht, sind in dieser Liste aufgeführt (s. Anhang). Sie ist ähnlich aufgebaut wie die SOL (Unterteilung der Tätigkeiten in vier Hauptgruppen, Nennung der ASCO-Nummer). Die MODL ist für diejenigen interessant, die sich auf Grund ihrer beruflichen Qualifikationen *(skills)* um die Einwanderung bewerben. Steht der Beruf, den Sie nominiert haben, nämlich (zum Zeitpunkt der Bewertung Ihres Visumantrags) auf der MODL, bekommen Sie zusätzliche Punkte im Punktetest (falls Ihre Visumkategorie dies vorsieht). Die *Migration Occupations in Demand List* unterliegt regelmäßigen Veränderungen. Die aktuellste Fassung sowie weitere Einzelheiten können Sie den Webseiten der DIMA entnehmen:
www.immi.gov.au/allforms/modl.htm

Englischtests
Die Abkürzung IELTS steht für *International English Language Testing System*. Über einen IELTS-Test kann man eine Bewertung seiner Englischkenntnisse vornehmen lassen (Gebühr ca. 170 Euro). Im Folgenden eine Liste der IELTS-Testcenter in Deutschland:

The British Council Berlin, IELTS Administrator
Hackscher Markt 1, 10178 Berlin
Tel. 030 / 31 10 99-0, Fax: 030 / 31 10 99-33, exams@britishcouncil.de
http://www.britishcouncil.de/d/english/ielts.htm

Friedrichstr. 95, 10117 Berlin
Tel. 030 / 2 09 62 95 93, Fax 030 / 2 09 62 95 91
E-Mail: de027.administrator@idp.com

Schnutenhausstraße 44, 45136 Essen
Tel. 0201 / 25 25 52, Fax 0201 / 26 75 53, de028.administrator@idp.com

Carl Duisberg Centren
Hansaring 49-51, 50670 Köln
Tel. 02 21 / 16 26 258, Fax 02 21 / 16 26 205, granados@cdc.de
www.cdc.de

Kölner Nebenstellen sind München und Saarbrücken (Tel., Fax und E-Mail s. Kölner Adresse)

Die zuständigen Stellen in Österreich bzw. der Schweiz entnehmen Sie dem Kapitel *II./Informationen für Österreich und die Schweiz.*

Der *Occupational English Test*, OET, ist für einige Tätigkeiten im Rahmen der fachlichen Beurteilung ein Muss und wird von der jeweiligen Einschätzungsbehörde eingefordert (Gebühr). Auskünfte hierzu erteilt:

OET, Language Australia
GPO Box 372F, Melbourne VIC 3001, Australia
http://oet.com.au

C. Einwanderungskategorien
FAMILY MIGRATION

Im Rahmen der Familienzusammenführung unterscheidet man vier verschiedene Kategorien: die Einwanderung von
1. Partnern (*Partner Migration*)
2. Kindern (*Child Migration*)
3. Eltern (*Parent Migration*) oder
4. sonstigen Familienangehörigen (*Other Familiy Migration*).
Zu jeder Kategorie (1.-4.) wird ein entsprechendes *booklet* herausgegeben.

Um unter einer der *Family*-Kategorien nach Australien einreisen zu dürfen, braucht der Antragsteller einen Bürgen/*sponsor* (wenn der Antrag außerhalb Australiens gestellt wird) oder jemanden, der ihn benennt, einen *nominator* (wenn der Antrag innerhalb Australiens gestellt wird). Diese Verpflichtung übernimmt ein enges Familienmitglied bzw. der Partner/Verlobte, das/der in Australien lebt (Details s. *II./Exkurs*).
Bitte beachten Sie: Damit nicht ständig die umständliche Unterscheidung zwischen *sponsor* und *nominator* vorgenommen werden muss, soll in den Kapiteln zur Familieneinwanderung der Einfachheit halber für beides der Begriff Bürge benutzt werden.
Family-Einwanderer müssen sich keinem Test, der ihre Sprachkenntnisse oder beruflichen Qualifikationen bewertet, unterziehen; allerdings unterliegen sie einem Gesundheits- und Charakter-Test.
Seitens der DIMA (Department of Immigration and Multicultural Affairs) wird dringendst darum nachgesucht, sich vor Einreichen des Visumantrags entweder an die zuständige Australische Botschaft oder – falls Sie in

Australien sind – an ein DIMA-Büro in Ihrer Nähe zu wenden, um weitere, speziellere Informationen einzuholen.

1. Partner Migration

Innerhalb der *Partner Migration* wird in drei weitere Kategorien unterteilt:
– *Spouse* (Ehe- und Lebenspartner)
– *Prospective Marriage* (Verlobte)
– *Interdependent Partner* (gegenseitig abhängige Partner)

Spouse

Die Bezeichnung *Spouse* bezieht sich gemäß ihrer wörtlichen Übersetzung hier nicht nur auf Ehepartner, sondern schließt auch Paare ein, die ohne Trauschein zusammenleben. Die Australier sprechen dabei von einer „de facto"-Beziehung. Wer sich in dieser Kategorie um die Einwanderung bewirbt, muss mit seinem Bürgen verheiratet sein oder eine eheähnliche Beziehung haben.
Die Lebensgemeinschaft muss echt und von Dauer sein. Die Partner sind erwachsen (mindestens 18 Jahre) und leben zusammen.

Prospective Marriage

Bewerber in dieser Kategorie werden von ihrem Verlobten in Australien gesponsert. Sobald Ihnen das Visum bewilligt wird, haben Sie neun Monate Zeit, nach Australien zu reisen und Ihre/n Verlobte/n in der neuen Heimat zu heiraten.
Antragsteller und Bürge müssen mindestens 18 Jahre alt und persönlich miteinander bekannt sein. Beide Partner versichern, als Mann und Frau zusammenleben zu wollen.

Interdependent Partner

Sie und Ihr Bürge sind gegenseitig abhängige Partner. Die Voraussetzungen für die Genehmigung eines Visums sind was Alter und Aufrichtigkeit der Beziehung angeht, mit denen der anderen *Partner*-Kategorien vergleichbar. Die Verbindung zwischen Ihnen muss unmittelbar vor der Antragstellung ein Jahr lang bestanden haben.

Sowohl in der *Spouse*- als auch in der *Interdependent Partner*-Kategorie können Sie sich in Australien bewerben oder außerhalb des Landes, je nachdem, wo Sie sich aufhalten. Für *Prospective Marriage*-Antragsteller gilt u.a.: Die Bewerbung muss außerhalb Australiens eingereicht werden. Wichtig: Die Visumvergabe erfolgt in mehreren Verfahrensstufen.

Details zu Visumvoraussetzungen, Antragsverfahren und viele andere wichtige Einzelheiten können Sie *booklet 1* (*Partner Migration*) entnehmen.

2. Child Migration

Innerhalb der *Child Migration* wird in drei Kategorien unterteilt:
– *Dependent Child* (abhängiges Kind)
– *Adopted Child* (adoptiertes Kind)
– *Orphan Relative* (verwaiste Verwandte).

Dependent Child

Das abhängige Kind muss jünger als 18 Jahre sein, außer es ist arbeitsunfähig (z.B. aufgrund einer Behinderung). Bei von den Eltern abhängigen Studenten wird die Altersgrenze auf 24 Jahre erhöht.
Das Kind muss ledig sein; es darf weder verlobt sein noch in einer eheähnlichen Beziehung leben. Als Bürge des Kindes, das auch adoptiert oder ein Stiefkind sein kann, fungiert ein Elternteil.

Adopted Child

Unter dieser Kategorie kann u.a. einwandern, wer schon im Ausland von Australiern adoptiert worden ist oder erst in Australien adoptiert werden soll (im Normalfall wird eine australische Fürsorgebehörde die Adoption unterstützen).
In allen Fällen ist die Visumerteilung an die Erfüllung individueller Bedingungen geknüpft, die man dem *booklet 2* entnehmen kann.
Das Kind darf noch keine 18 Jahre alt sein. Bürge sind die (angehenden) australischen Adoptiveltern.

Die Zuordnung von Adoptivkindern in eine der beiden obigen *Child*-Kategorien (bzw. in die *Remaining relative*-Kategorie) ist mitunter etwas verwirrend und steht u.a. in Abhängigkeit vom Zeitpunkt der Adoption. Das entsprechende *booklet* informiert genau. Bei Fragen wenden Sie sich an die DIMA.

Orphan Relative

Per definitionem gilt ein Kind als verwaiste Verwandte, wenn es keine Eltern hat, die für es sorgen. Dies ist beispielsweise auch der Fall, wenn man nicht weiß, wo diese sich befinden, oder wenn sie nicht in der Lage sind, selbst für ihren Lebensunterhalt aufzukommen.
Das Kind muss jünger als 18 Jahre alt sein und darf weder in einer ehelichen noch in einer de-facto-Beziehung leben.

Als Bürge des Kindes kommen Verwandte in Frage wie Bruder/Schwester, Großeltern, Tante oder Onkel, Nichte oder Neffe.
Die entscheidenden Details zu dieser Visumkategorie und viele wertvolle Hinweise stehen in *booklet 2* (*Child Migration*).

3. Parent Migration

Innerhalb der Kategorie wird unterschieden:
– *Working Age Parent* (Eltern im arbeitsfähigen Alter)
– *Aged Parent* (betagte Eltern)
– Sondergruppe der sog. *designated parents.*

Working Age Parent

Wie der Name schon sagt – damit Ihnen ein *Working age parent*-Visum gewährt wird, dürfen Sie noch nicht im Rentenalter sein. Eine weitere Bedingung ist an diese Kategorie geknüpft: Sie können Ihren Einwanderungsantrag nur stellen, wenn Sie außerhalb Australiens sind.

Aged Parent

Eltern (in- oder außerhalb Australiens), die sich in dieser Kategorie bewerben wollen, müssen das Pensionsalter erreicht haben. Für Männer liegt dies in Australien bei 65 Jahren. Für Frauen wird die Altersgrenze zurzeit stufenweise von 60 auf ebenfalls 65 Jahre erhöht.

Designated Parents

Am 1.11.1999 trat diese neue Kategorie in Kraft, unter der sich bewerben konnte, wer einen Visumantrag in den Unterklassen 113 (offshore) und 819 (onshore) gestellt hatte, über den zum 31.3.1999 noch nicht entschieden war.
Die in Frage kommende Personengruppe erhielt von der ihren Antrag bearbeitenden Behörde (Australische Botschaft oder Regionalbüro der Einwanderungsbehörde in Australien) einen sog. *Letter of Invitation* und wurde angewiesen, die *Acceptance of Invitation* unterschrieben zurückzuschicken – und zwar bis zum 28.4.2000.
Designated parent-Anträge konnten also nur zwischen dem 1.11.1999 und dem 28.4.2000 eingereicht werden. Wer die *Acceptance of Invitation* allerdings nicht bis zum Stichtag eingesendet hatte, kommt für ein Visum unter dieser Kategorie nicht mehr in Frage.
Für *Parent*-Antragsteller gilt:
– Als entscheidende Visavoraussetzung müssen Sie den sog. *Balance of Family*-Test bestehen (Details s. *II./Exkurs*).

– Bei Ihrem australischen Bürgen handelt es sich um Ihr leibliches, adoptiertes oder Stiefkind.
– Sie sollten mit einer längeren Bearbeitungszeit für Ihren Visumantrag rechnen, da den *Partner-* und *Child*-Kategorien diesbezüglich ein Vorrang eingeräumt wird.

4. Other Family Migration

Innerhalb der vierten Kategorie unterscheidet man:
– *Aged Dependent Relative* (betagte abhängige Verwandte)
– *Remaining Relative* (hinterbliebene Verwandte)
– *Carer* (Pflegepersonen).

Aged Dependent Relative

Als alleinstehende Person (ledig, verwitwet, geschieden oder in Scheidung lebend) im australischen Pensionsalter (Details s. *Parent Migration/Aged Parent*) müssen Sie noch eine weitere wichtige Voraussetzung erfüllen: Es wird der glaubhafte Nachweis verlangt, dass Sie seit wenigstens drei Jahren in finanzieller Hinsicht von Ihrem australischen Verwandten abhängig sind. Der Verwandte, Ihr Bürge, kann ein Kind (auch adoptiertes Kind), Enkelkind, Elternteil, Schwester bzw. Bruder, Tante, Onkel, Nichte oder Neffe sein.

Remaining Relative

Für die Anerkennung als hinterbliebener Verwandter dürfen außerhalb Australiens keine engen Familienbindungen existieren. Weder Sie noch Ihr Ehepartner haben (volljährige, unabhängige) Kinder, Eltern oder Geschwister in dem Land, in dem Sie leben.
Sie sind entweder das Kind oder die Schwester bzw. der Bruder Ihres australischen Verwandten, der für sie bürgt.

Carer

Sie können einen Antrag auf ein *Carer*-Visum stellen, wenn Sie als Pfleger/in für einen australischen Verwandten (der auch für Sie bürgt) oder ein Mitglied seiner Familie tätig werden wollen. Die Person, für die Sie langfristig sorgen sollen, ist aufgrund körperlicher Gebrechen oder geistiger Beeinträchtigung nicht in der Lage, ihren Alltag mit den damit verbundenen Pflichten zu bewältigen. Die von Ihnen zu leistende Pflege kann weder von einem australischen Verwandten noch von einer öffentlichen Einrichtung vor Ort (z.B. Pflegedienst) entsprechend gewährt werden. Es muss absehbar sein, dass Ihre Hilfe für mindestens zwei Jahre benötigt wird

Der Pflegebedürftige muss sich einer ärztlichen Untersuchung unterziehen; von *Health Services Australia* (HSA) wird ein medizinisches Gutachten erstellt. *Booklet 4* (*Other Family Migration*) bietet zu dieser Kategorie alle wichtigen Informationen.

Apropos *Sponsor*: In einigen Kategorien bzw. Unterkategorien der *Family Migration* wird verlangt, dass der Bürge schon mindestens zwei Jahre in Australien lebt.

SKILL MIGRATION

Wenn Sie sich durch besondere berufliche Fähigkeiten und fachliche Kenntnisse (*skills*) auszeichnen, wobei es keine Rolle spielt, ob Sie Arbeiter oder Akademiker sind, oder wenn Sie als Geschäftsmann eine Unternehmensgründung planen und mit dem nötigen Kapital ausgestattet sind, dann sind Sie in *down under* willkommen – natürlich immer vorausgesetzt, Sie erfüllen die diversen Anforderungen in den entsprechenden Einwanderungskategorien. Australien erhofft sich von Ihrer Einreise und Ihrem Verbleib einen nachhaltigen Gewinn für das Land und die Gesellschaft, zum Beispiel für Wirtschaft, Bildung, Kultur.

5. Employer Sponsored Migration

Man unterscheidet innerhalb der fünften Kategorie:
– *Employer Nomination Scheme (ENS)*
– *Regional Sponsored Migration Scheme (RSMS)*
– *Labour Agreements (LA)*
– *Regional Headquarters Agreements (RHQ).*

Wenn Sie fachliche bzw. berufliche Fähigkeiten besitzen, nach denen in Australien gerade erhöhte Nachfrage herrscht, besteht die Chance, über eine der *Employer sponsored*-Kategorien einen Arbeitsplatz in Übersee zu finden – verbunden mit einem befristeten oder unbefristeten Aufenthalt.

Kann der nationale Arbeitsmarkt nicht den Personalbedarf eines australischen Arbeitgebers befriedigen, erhält dieser im Rahmen verschiedener Arbeitsprogramme (*ENS*, *RSMS* und *LA*) die Möglichkeit, Arbeitnehmer aus dem Ausland einzustellen oder auch Fachkräfte, die sich vorübergehend in Australien aufhalten. Voraussetzung ist allerdings, dass dem Arbeitgeber der Nachweis gelingt, keinen geeigneten Australier für die zu besetzende Stelle gefunden zu haben.

RHQ-*Agreements* sind für ausländische Unternehmen interessant, die ihren Hauptsitz für die asiatisch-pazifische Region in Australien gründen wollen.

Das Prozedere für alle potenziellen Kandidaten sieht Folgendes vor: Der australische Arbeitgeber benennt die in Frage kommende Person und reicht dann die sog. *nomination* bei einem DIMA Business Centre in Australien ein. Erst wenn die Nominierung genehmigt und der Kandidat (*nominee*) seitens des Arbeitgebers benachrichtigt wurde, kann dieser einen Visumantrag stellen. Die Bewerbung für das jeweilige Visum kann im Ausland (bei der nächsten australischen Vertretung) erfolgen oder innerhalb Australiens beim nächsten Department of Immigration and Multicultural Affairs Business Centre.

Employer Nomination Scheme (ENS)
Das *Employer Nomination Scheme* bietet die Patentlösung, wenn ein australischer Arbeitgeber im eigenen Land keine geeigneten Kandidaten für die von ihm ausgeschriebene/n Stelle/n findet: Er kann – unbefristet – hochqualifizierte Leute aus dem Ausland einstellen oder sog. *temporary residents*, die sich gerade in Australien aufhalten.
Das Einstellungsverfahren im Rahmen dieses Programms verläuft über zwei Stufen:
– Nominierung durch den Arbeitgeber,
– Visumantrag des Kandidaten/*nominee* (Formular 47ES).
Der Arbeitgeber muss u.a. nachweisen, dass er seinen Betrieb selbst leitet, und dass es sich bei der Stelle um eine ganztägige Anstellung handelt. Ebenso hat der Kandidat eine Reihe von Voraussetzungen zu erfüllen, z.B. dass er die für die Stelle entscheidenden Fähigkeiten auch besitzt. Er muss jünger als 45 Jahre sein, die obligatorischen Gesundheits- und Charakterbestimmungen einhalten (was auch für seine Familie gilt) und über annehmbare Englischkenntnisse (*vocational*) verfügen, die es ihm ermöglichen, sich im Rahmen seiner Arbeit zu verständigen.

Regional Sponsored Migration Scheme (RSMS)
Das RSMS richtet sich an Unternehmen in räumlich begrenzten oder dünn besiedelten Gebieten Australiens. Im Prinzip kann jeder Arbeitgeber Gebrauch von dieser Möglichkeit machen, sofern sein Betrieb in einer Gegend liegt, die unter das RSMS fällt (ausgenommen sind lediglich Sydney, Melbourne, Brisbane, Perth, die Gold Coast, Newcastle und Wollongong).
Nachdem der Arbeitgeber einen Kandidaten benannt hat, entwickelt sich das RSMS-Verfahren in drei Stufen:
– Bestätigung der Nominierung bzw. des freien Arbeitsplatzes durch eine dafür zuständige Stelle (*certifying body*): Der Arbeitgeber muss u.a.

nachweisen, dass er die offene Stelle nicht über den örtlichen Arbeits-markt besetzen kann oder dass Beschäftigung und Vergütung sich in geltendes australisches Arbeitsrecht einpassen.
– Die DIMA (bzw. das zuständige DIMA Business Centre) überprüft, ob der Arbeitgeber den an ihn gestellten Voraussetzungen auch entsprochen hat und ob die Nominierung von einem *regional certifying body* bestätigt wurde (auf den letzten Seiten von *booklet 5* stehen die Adressen der *regional certifying bodies* für jeden Bundesstaat aufgelistet).
– Im Visumantrag des Kandidaten (Formular 47ES) wird bewertet: dass der *nominee* die gewünschten fachlichen Qualifikationen hat, unter 45 Jahre alt ist, einwandfreies Englisch (*functional*) spricht, von guter Gesundheit und ebensolchem Charakter ist u.a.

Labour Agreements (LA)
Als offizielles Abkommen zwischen der australischen Regierung und einem Arbeitgeber (auch Arbeitgeberverbänden) oder anderen Gruppen (Berufs-verbänden, Gewerkschaften) ermöglicht ein *Labour Agreement* die Ein-stellung einer festgelegten Zahl von Fachkräften aus dem Ausland. Sowohl ein zeitlich begrenzter als auch ein Daueraufenthalt sind in dieser Verein-barung vorgesehen.
Nach Abschluss des Agreements durchläuft das Verfahren zwei Stufen:
– Nominierung durch den Arbeitgeber: Das Formular 1068 wird bei der DIMA eingereicht. Dort überprüft man, ob die Beschäftigungsbedingun-gen sowie die Fähigkeiten des potenziellen Arbeitnehmers den Vorgaben des Abkommens entsprechen.
– Beantragung des Visums (Formular 47ES) durch den Kandidaten, der jünger als 45 Jahre sein und u.a. die obligatorischen Gesundheits- und Charaktervoraussetzungen erfüllen muss.

Regional Headquarters Agreements (RHQ)
RHQ-Agreements gelten zwar als Arbeitsabkommen, unterscheiden sich aber in einem wesentlichen Punkt vom *Labour Agreement:* Sie sollen be-stimmten Unternehmen unter verbesserten Einwanderungsbedingungen die Versetzung von Fachpersonal und leitenden Angestellten ermöglichen. Auch in diesem Fall erstreckt sich der Verfahrensprozess über mehrere Stufen: Vor der Einreichung des Nominierungsformulars und der Visuman-tragstellung durch die Kandidaten steht jedoch die Genehmigung des RHQ-Abkommens; es tritt in Kraft, sobald es seitens des Unternehmens, der DIMA und vom *Minister for Industry, Science and Resources* unter-zeichnet wurde.

Im Rahmen eines Regional Headquarters Agreement ist sowohl ein permanent als auch ein temporary residence möglich.

Über die Einzelheiten dieser Kategorie informiert *booklet 5* (*Employer Sponsored Migration*).

6. General Skilled Migration

Das Gros der Einwanderungswilligen bewirbt sich unter dieser Kategorie um ein *permanent visa* für Australien. Die Fachkräftekategorie umfasst all diejenigen, die sich durch hervorragende Fähigkeiten, Kenntnisse und Fachwissen auszeichnen und damit einen Nutzen für die australische Wirtschaft darstellen.

Die *General Skilled*-Kategorie lässt sich weiter unterteilen:
– *Independent*
– *Skill matching*
– *Family Sponsored*

Independent categories

Bewerber in dieser Kategorie sind in der Tat unabhängig – unabhängig von einem *sponsor*. Wer keinen australischen Verwandten hat, der für ihn bürgen könnte (oder will), oder wer sich nicht sponsern lassen möchte, ist hier richtig.

Skilled – Independent
Sie müssen den beruflichen Vorgaben (sehr gute Qualifikationen) und Grundvoraussetzungen dieser Kategorie entsprechen. Das Bestehen eines Punktetests ist obligatorisch; zur Zusammensetzung der Punkte s. Aufstellung im Anhang.

Skilled – State Territory Nominated Independent
Bestimmte Bundesstaaten und Territorien (zz. Victoria, Australian Capital Territory, South Australia), in denen eine erhöhte Nachfrage nach bestimmten Berufen besteht, wählen unter diesem Gesichtspunkt Kandidaten aus. Wollen Sie nominiert werden, muss man von Ihrem kurzfristigen Erfolg auf dem dortigen Arbeitsmarkt überzeugt sein.

Aber auch wenn Ihr Beruf sehr gefragt ist – eine Beschäftigungsgarantie haben Sie natürlich nicht. Der jeweilige Staat bzw. Territorium, der Sie nominiert, ist nicht Ihr Arbeitgeber. Fragen Sie bei der Australischen Botschaft oder schauen Sie im Internet (www.immi.gov.au) nach der aktuellen Liste der sich beteiligenden Staaten (an welche Sie sich übrigens auch direkt wenden können). Üblicherweise werden die Kandidaten über die *Skill Matching Database* (s.u.) erfasst.

Skilled – Onshore Independent New Zealand Citizen und
Skilled – Independent Overseas Student
Sie entsprechen der Kategorie *Skilled – Independent,* sind aber nur für einen fest definierten Personenkreis eingerichtet.

Die Bewerbung als *independent* hat den Nachteil, dass Ihre Chance auf eine erfolgreiche Einwanderungsbewerbung mitunter etwas geringer ausfallen kann. Allerdings entfällt auch die Verpflichtung zur Vorlage einer *Assurance of Support*.

Skill Matching
Die Vorteile der *Skill Matching Database* sind von zwei Seiten nutzbar: Zum einen unterstützt diese Datenbank hochqualifizierte Kräfte bei der Einwanderung in solche Gebiete, wo der jeweilige Beruf gefragt ist. Zum anderen können Unternehmen und Bundesregierungen mit regionalem Fachkräftemangel über die *Database* Bewerber für eine Nominierung finden.
Ihre persönlichen Daten werden in der *Skill Matching Database* erfasst. Sollten Sie nicht innerhalb von zwei Jahren nominiert worden sein, werden Ihr Antrag abgelehnt und die Daten aus dem Programm gelöscht. Diese Kategorie verlangt keinen Punktetest und ist deshalb für diejenigen interessant, die zwar die Grundvoraussetzungen erfüllen, den Punktetest aber möglicherweise nicht bestehen würden.
Eine verkürzte Version der *Database*, über die z.B. Unternehmen Bewerber finden können, liegt im Internet unter: www.immi.gov.au/skills/index.htm

Family Sponsored categories
Haben Sie oder Ihr Lebenspartner (verheiratet oder de facto) einen australischen Verwandten, der Sie unterstützt, erhöht sich die Wahrscheinlichkeit, dass Ihr Einwanderungsantrag positiv beschieden wird. Um sich in dieser Kategorie bewerben zu können, brauchen Sie allerdings einen *sponsor* und einen *assurer* (Details zu *Assurance of Support* s. II./Exkurs).

Skilled – Designated Area Sponsored
Einwanderer, die bereit sind, sich in bestimmten, von der Regierung festgelegten Gebieten niederzulassen, sind die Zielgruppe dieser Unterkategorie. Wo die sog. *designated areas* für die einzelnen Bundesstaaten und Territorien liegen, können Sie einer Auflistung in *booklet 6* entnehmen. Ihr

Bürge (*sponsor*) muss seit mindestens 12 Monaten in einem dieser Gebiete leben. Es werden berücksichtigt: nicht-abhängiges Kind, Elternteil, Bruder oder Schwester, Nichte oder Neffe, Cousin ersten Grades oder Enkelkind.
Sie müssen in dieser Kategorie wohl die Grundvoraussetzungen einhalten, aber keinen Punktetest absolvieren.

Skilled – Onshore Designated Area Sponsored New Zealand Citizen und
Skilled – Designated Area Sponsored Overseas Student
Diese sind vergleichbar mit der Kategorie Skilled – Designated Area Sponsored, aber auf eine eingeschränkte Gruppe bezogen.

Skilled – Australian Sponsored
Lebt Ihr Bürge nicht in einer der ausgewählten Gegenden (*designated areas*), müssen Sie sich unter dieser Kategorie bewerben, die üblichen Voraussetzungen erfüllen und den Punktetest bestehen. Die Verwandtschaft zu Ihrem Bürgen schließt ein: nicht-abhängiges Kind, Elternteil, Bruder oder Schwester, oder Nichte oder Neffe.

Auch hier gibt es noch weitere Kategorien für ganz bestimmte Bewerber:
Skilled – Onshore Australian Sponsored New Zealand Citizen
Skilled – Australian Sponsored Overseas Student

Grundvoraussetzungen: Die Erfüllung der *basic requirements* bildet das Fundament für eine erfolgversprechende Bewerbung:
– Sie müssen jünger als 45 Jahre alt sein.
– Vor der Antragstellung macht es Sinn, seine Englischkenntnisse testen zu lassen: In der Regel sollten Ihre Sprachfähigkeiten den Anforderungen im Berufsleben standhalten (*vocational English*). Es gibt jedoch Tätigkeitsfelder, in denen Sie weitergehende Kenntnisse benötigen.
– Der Nachweis von Qualifikationen Ihrer Ausbildung (z.B. abgeschlossenes Hochschulstudium oder Handwerks-Lehre) ist zu erbringen.
– Sie müssen über aktuelle Arbeitserfahrung verfügen.
– Sie benennen den Ihren Fähigkeiten entsprechenden Beruf (z.B. Koch, Architekt ...), der auf der *Skilled Occupations List* (Details s. II./Exkurs) stehen muss. Dann wenden Sie sich an die für Ihren Beruf zuständige Einschätzungsbehörde in Australien, die Ihre Fähigkeiten bewerten soll. Erst wenn diese *assessing authority* bestätigt, dass Ihre Qualifikationen den Anforderungen Ihres Berufes gerecht werden, können Sie einen Einwanderungsantrag stellen.

Außer in den Kategorien *Skill Matching* und *Skilled – Designated Area Sponsored* müssen alle *General Skilled*-Bewerber einen **Punktetest** absolvieren, dessen Bestehen vom Erlangen einer *pass mark* abhängt. Zurzeit liegt die *pass mark* bei 110 für die *Skilled – Australian Sponsored* bzw. 115 für *Skilled – Independent*. Sie müssen also 110 (115) Punkte erwerben, um den Test zu bestehen.

Liegen Sie darunter, besteht unter einer bestimmten Voraussetzung dennoch die Aussicht auf Erfolg, d.h. auf Weiterbearbeitung Ihres Antrags: Erreicht Ihre Punktzahl die sog. *pool mark* (bei *Skilled – Australian Sponsored*: 105; bei *Skilled – Independent*: 70; für ausländische Studenten und neuseeländische Staatsbürger in diesen Kategorien: 110), kommt Ihre Bewerbung in den *pool* – sozusagen auf Wiedervorlage –, und zwar für bis zu zwei Jahre. Wird innerhalb dieses Zeitraums die *pass mark* abgesenkt, und Sie erreichen den jetzt vorgegebenen Grenzwert, bekommt Ihr Einwanderungsantrag eine zweite Chance.

Der Test verteilt Punkte für:
– berufliche/fachliche Qualifikation
– Alter (je jünger, desto mehr Punkte)
– Englischkenntnisse (*vocational* und *competent English*)
– spezielle Berufserfahrung
– Berufe, nach denen Nachfrage besteht (Details s. *II./Exkurs/MODL*)
– australische Qualifikationen
– berufliche/fachliche Qualifikationen des Ehepartners
– Verwandtschaftsbeziehungen (relevant für *Skilled – Australian Sponsored*)
Zusätzliche Punkte können Sie für weitere spezielle Fremdsprachenkenntnisse, Arbeitserfahrung in Australien und Kapitalinvestitionen in Australien erzielen (s. Anhang).

Die australische Einwanderungsbehörde empfiehlt allen Bewerbern, die eigenen Chancen vor der Antragstellung erst einmal selbst zu überprüfen und das in *booklet 6* enthaltene *self-assessment*-Formular auszufüllen. Berücksichtigen sollten Sie, dass die zum Zeitpunkt Ihrer Antragsbewertung (nicht der Einreichung) gültige *pass mark* entscheidend ist.

Um sich als *General Skilled*-Bewerber ausführlich zu informieren, sollten Sie das zuständige *booklet 6* sorgfältig lesen. Es erteilt sehr detaillierte Auskünfte und enthält neben der SOL und MODL (aktuelle Liste am besten im Internet nachschauen: www.immi.gov.au/migration/skilled/sol.htm und www.immi.gov.au/migration/skilled/modl.htm) auch die Adressen der Einschätzungsbehörden und IELTS (Englischsprachtest)-Center.

7. Business Skills Migration

Geschäftsinhaber, leitende Angestellte großer Unternehmen und Investo-ren, die bedingt durch ihr Know-how, ihre Erfahrung und nicht zuletzt durch ihre Finanzkraft wesentlich zur Förderung der australischen Wirt-schaft beitragen, können sich für eine Einwanderung in der *Business skills-*Kategorie bewerben. Von der Ansiedelung ausländischer Geschäftsleute erhofft sich Australien Vorteile wie etwa die Erschließung weltweiter Märk-te und, eng damit verbunden, die Ausweitung des Exports.

An die Gewährung eines *Business skills-*Visums ist u.a. die Erwartung geknüpft, dass die Neuankömmlinge innerhalb eines festgelegten Zeit-raums ein Unternehmen gründen oder ein bereits bestehendes Geschäft/Betrieb erwerben (auch Teilhaberschaft möglich).

In der *Business skills migration* werden fünf verschiedene Kategorien unterschieden:
– *Business Owner*
– *Senior executive*
– *Established Business in Australia*
– *Regional Established Business in Australia*
– *Investment-linked*

Business Owner

Diese Kategorie umfasst Inhaber oder Teilhaber eines Geschäfts, die neben einer erfolgreichen Geschäftslaufbahn und der Beteiligung an einem Unternehmen (nicht unter 10 Prozent), in dessen Leitung sie aktiv und ver-antwortlich einbezogen sind/waren, unter anderem ein geschäftliches Net-tovermögen (mindestens 200.000 A$ in zwei der letzten vier Finanzjahre) nachweisen müssen.

Eine weitere Visumvoraussetzung ist das Bestehen eines Tests, in dem Ihnen für Alter, Sprachkenntnisse, Umsatz, Arbeitskosten, Gesamtaktiva und Nettovermögen Punkte zugeteilt werden.

Außerdem ist eine australische *State or Territory government business development agency* zu informieren. Die Adressen für die jeweiligen Teile des Landes finden Sie im Anhang dieses Buches und in *booklet 7.*

Senior Executive

Was die australische Einwanderungsbehörde unter einem *Senior Executi-ve*, einem leitenden Angestellten, versteht, ist klar definiert: Er muss im Management eines großen Unternehmens eine Spitzenposition bekleiden (bekleidet haben), und zwar für zwei innerhalb der letzten vier Jahre.

Auch in dieser Kategorie ist ein Punktetest vorgeschrieben. Bewertet werden neben Alter und Sprachkenntnissen ebenfalls Ihr Nettovermögen und der Jahresumsatz des Unternehmens, für das Sie tätig sind.

Als leitender Angestellter müssen Sie eine Reihe von zusätzlichen Voraussetzungen erfüllen, u.a. ist eine *Australian State or Territory government business development agency* in Kenntnis zu setzen.

Established Business in Australia

Diese Kategorie setzt voraus, dass Sie sich vor Antragstellung für eine bestimmte (fest vorgeschriebene) Zeit in Australien befunden haben und dort Inhaber oder Teilhaber eines Geschäfts sind. Sie besitzen zur Zeit der Antragstellung ein befristetes Visum (Besucher-, Studenten- oder *temporary residence*-Visum). Die Bewerbung für ein *Established business in Australia*-Visum kann nur in Australien erfolgen. Die Beteiligung an einem australischen Unternehmen (mit mindestens 10 Prozent), ausgewiesene Führungsqualitäten und ein nicht unbeträchtliches Geschäftsvermögen zählen zu den wichtigsten Voraussetzungen dieser Visumklasse.

Im *Established business in Australia*-Test gibt es Punkte für Alter, Sprachkenntnisse, Nettovermögen sowie Jahresumsatz und Beschäftigtenzahl Ihres Hauptunternehmens.

Regional Established Business in Australia

Wenn Sie der Inhaber bzw. Teilhaber eines Unternehmens in einer bestimmten Gegend des Landes (*designated area*) sind, vor der Antragstellung eine bestimmte Zeit in Australien verbracht haben (als *temporary resident*) und zum Zeitpunkt der Bewerbung über ein gültiges Geschäftsvisum verfügen, können Sie sich in dieser Kategorie um die Einwanderung bewerben, vorausgesetzt Sie halten die weiteren, damit verbundenen Bestimmungen ein. Die Antragstellung ist wie im obigen Fall nur in Australien möglich.

Eine Sonderregelung besteht hier in Form einer von einer *Australian State or Territory government business development agency* zu übernehmende Bürgschaft. Sie ist obligatorisch. Ebenso wie der Punktetest, der eine Bewertung hinsichtlich Alter, Sprachkenntnissen, Beschäftigtenzahl, Vermögen und Bürgschaft vornimmt.

Investment-linked

Die *Investment-linked*-Kategorie ist auf Geschäftsleute und Investoren zugeschnitten, die in Australien investieren wollen. Allgemein gesagt, werden Erfahrung und Erfolg im Geschäfts- bzw. Investitionsbereich voraus-gesetzt, ebenso die Bereitschaft, für drei Jahre eine Investition in einem *Designated Investment* vorzunehmen. *Investment-linked*-Bewerber müssen den Punktetest bestehen.

Zurzeit müssen in allen Unterklassen der *Business skills*-Kategorie 105 Punkte erzielt werden, um den Punktetest zu bestehen. Die aktuelle Pass Mark erfährt man bei einer der australischen Vertretungen oder im Internet, z.B. unter www.immi.gov.au/faq/migration_business/

Bürgschaft
Im Rahmen der *Business Skills Migration* ist die Möglichkeit einer Bürg-schaftsübernahme durch die Regierungen der einzelnen Bundesstaaten und Territorien vorgesehen. Eine solche Unterstützung erleichtert dem Geschäftsmann die Erfüllung der Visumvoraussetzungen (z.B. wird beim *Business Owner* die Höhe des nachzuweisenden Nettovermögens hal-biert). Nutznießer einer staatlichen Förderung können Geschäftsinhaber (*business owner*) und leitende Angestellte (*senior executive*) sein. Für die Kategorie *Regional established business in Australia* ist eine Bürgschaft sogar zwingend.

Kontrollen
Die australische Regierung belässt es nicht allein bei der Zusicherung der Bewerber, die vorgegebenen Ziele (Geschäftsgründungen, -erwerb, Inves-titionen etc.) auch in die Tat umzusetzen. Sind nach Ablauf von drei Jahren keine erkennbaren geschäftsbildenden Maßnahmen ergriffen worden, kann ihnen das Aufenthaltsrecht entzogen werden.

Exakte Angaben über Zahlen, viele Details, die Adressen zuständiger Behörden u.a.m. bietet das *booklet 7* (*Business Skills Migration*). Die Bro-schüre enthält auch einen *self-test*, mit dem Sie schon einmal vorab Ihre Chancen im Punktetest ausloten können.
Bei Unsicherheiten oder Fragen wenden Sie sich noch vor der Antragstel-lung direkt an die Mitarbeiter der Einwanderungsbehörde.

SONDERFÄLLE
8. Special Migration
In der 8. Kategorie wird weiter unterteilt in:
– *Prospective Marriage Spouse*
– *Distinguished Talent* (außerordentliches Talent)

– *Former Resident* (ehemaliger Einwohner)
– *Close Ties* (enge Bindungen).

Prospective Marriage Spouse

Diese Kategorie schließt all jene ein, die sich als *Family*-Einwanderer vor dem 1.11.1996 um ein *Prospective marriage*-Visum beworben haben, den Visumanforderungen entsprechend nach Australien gereist sind, dort ihren Verlobten geheiratet haben und nun ein *permanent visa* beantragen.

Distinguished Talent

Sollen Ihre Anstrengungen, ein *Distinguished talent*-Visum bewilligt zu bekommen, fruchtbar sein, müssen Sie herausragende, außergewöhnliche Fähigkeiten in einem bestimmten Beruf oder auch als Künstler bzw. Sportler haben.

Es darf kein Zweifel daran bestehen, dass Sie in Australien ohne weiteres einen beruflichen Einstieg finden. Im Sport und in der Kunst müssen Sie sehr erfolgreich und international bekannt sein.

Eine wichtige Visumvoraussetzung ist die Nominierung durch eine australische Organisation oder einen australischen Staatsbürger bzw. Einwohner, die/der nationale Anerkennung genießt auf dem Ihrem eigenen entsprechenden Gebiet.

Former Resident

Sind Sie ein früherer australischer Einwohner, der heute außerhalb Australiens lebt? Sie unterliegen in dieser Unterklasse einer Altersbeschränkung (unter 45 Jahre), dürfen nicht weniger als neun Jahre bis zu Ihrem 18. Geburtstag auf dem Fünften Kontinent verbracht und müssen enge Bindungen zur alten Heimat erhalten haben. Oder Sie haben vor dem 19.1.1981 drei Monate in der australischen Armee gedient.

Close Ties

Unter die *Close ties*-Kategorie fallen Personen, die in Australien leben und enge Beziehungen zum Land haben:
– frühere Einwohner unter 45 Jahren, die vor ihrem 18. Geburtstag mindestens neun Jahre in Australien gelebt haben,
– ehemalige Mitglieder der australischen Armee, die vor dem 19.1.1981 drei Monate gedient haben,
– bestimmte Personengruppen, die aus unterschiedlichen Gründen ohne gültige Aufenthaltsgenehmigung in Australien leben (z.B. Einreise vor dem 1.1.1975; Erwachsene, die ihre Aufenthaltsberechtigung vor ihrem

18. Geburtstag verloren haben und ihre Jugend in Australien verbracht haben).

Booklet 8 (*Special Migration*) bietet die ausführliche Darstellung der Kategorien sowie alles Wissenswerte.

In Ballarat (VIC) wird die Geschichte des Goldrauschs lebendig gehalten

Noch Fragen?
Wie bewerbe ich mich richtig?

Einen Visumantrag zu stellen, ist mit erheblichen Kosten verbunden, die im Falle einer Ablehnung nicht rückerstattet werden. Aber nicht zuletzt deshalb ist es bitter, keine Einwanderungsgenehmigung ausgestellt zu bekommen – schließlich hängen viele Erwartungen und Hoffnungen an dem zukünftigen Leben in Australien. Folglich sollten Sie niemals übereilt und unvorbereitet einen Visumantrag stellen, der im schlimmsten Fall bereits an formalen Kriterien scheitert.

Immer vorausgesetzt, Sie haben sich im Vorfeld ausreichend informiert (s. *II./Informationsquellen*) und kennen die Visumkategorie, welche für Sie in Frage kommt, sollten Sie Folgendes beachten:

Bevor Sie ein Antragsformular ausfüllen, ist es notwendig, das für Sie relevante *booklet* sowie die mitgelieferten Merkblätter aufmerksam von der ersten bis zur letzten Seite durchzulesen. Überprüfen Sie, ob Sie auch wirklich alle dort detailliert aufgeführten Visumvoraussetzungen erfüllen und besorgen Sie sich rechtzeitig die dem Antrag beizulegenden Dokumente.

Das *booklet* erklärt Ihnen Schritt für Schritt, wie Sie einen gültigen Visumantrag stellen. Verwenden Sie das richtige Formular, füllen Sie es in englischer Sprache aus (die Fragen müssen ehrlich beantwortet werden) und

✓ Checkliste Bewerbung

- ○ Visumkategorie bestimmen
- ○ entsprechendes Booklet bestellen
- ○ Booklet und Merkblätter durcharbeiten
- ○ alle Visumvoraussetzungen erfüllt?
- ○ evtl. Beratungsstelle kontaktieren
- ○ Dokumente, die dem Antrag beizulegen sind, besorgen
- ○ ggf. beglaubigte Übersetzungen anfertigen lassen
- ○ Zeugnis- und Urkunden-Kopien beglaubigen lassen
- ○ Antrag in englischer Sprache ausfüllen
- ○ Visumklasse eintragen
- ○ Antrag zusammen mit allen erforderlichen Dokumenten an die zuständige Behörde schicken

tragen Sie die Visumklasse ein. Reichen Sie zusammen mit dem (unterschriebenen) Antrag einerseits alle nötigen Unterlagen ein (z.B. *Nomination*, *Sponsorship*, *Assurance of Support*, fachliche Bewertung einer für Ihren Beruf maßgeblichen Einschätzungsbehörde) und andererseits beglaubigte Kopien der angeforderten Dokumente (Zeugnisse, Urkunden etc.).

Nicht-englischsprachigen Dokumenten muss in der Regel eine beglaubigte Übersetzung beigefügt werden (über die Details informiert das jeweilige *booklet* oder die DIMA).

In Ihren Antragsunterlagen werden für jede Visumkategorie und Unterklasse ganz konkrete Angaben darüber gemacht, wo bzw. von wo Sie Ihren Antrag einreichen dürfen (in Australien *und* aus dem Ausland oder nur innerhalb Australiens oder nur von außerhalb) und die genauen Anschriften (inkl. Tel., Fax, Internet) der zuständigen Behörden mitgeteilt. Schicken Sie Ihre Bewerbung an die falsche Behörde oder wird eines der formalen Kriterien nicht erfüllt, sendet man den Antrag an Sie zurück.

Bezahlen Sie die geforderte Gebühr und befolgen Sie die damit verbundenen Anweisungen (s. dem *booklet* beiliegendes Gebührenblatt).

Nur für GENERAL SKILLED MIGRATION:
Alle Personen, die sich unter der *General skilled*-Kategorie bewerben wollen (egal ob von innerhalb oder von außerhalb Australiens) schicken ihren Antrag per Post an die folgende Adresse:

Adelaide Skilled Processing Centre
DIMA
GPO Box 1638, Adelaide SA 5001, Australia
Nachfragen können über die folgenden Nummern bzw. E-Mail-Adresse getätigt werden:
Tel. 0061 / 3 / 96 57 41 15 oder 13 18 81 (für Anrufe aus Australien)
Fax 0061 / 8 / 8237 6629, E-Mail: adelaide.skilled.centre@immi.gov.au

General skilled-Bewerber bezahlen die Visumantragsgebühr in australischen Dollar – per Kreditkarte oder per Bankscheck. Die Zahlung ist direkt an das Büro in Adelaide zu entrichten (Details s. *booklet* 6 und im belgefügten Gebührenblatt).

Für ALLE ANDEREN EINWANDERUNGSKATEGORIEN:
Bewerber in den übrigen Kategorien schicken ihren Antrag (sofern sie in Deutschland leben) an:

Australian Embassy Berlin
Department of Immigration & Multicultural & Indigenous Affairs
Permanent Entry and Citizenship Section
Friedrichstraße 200, 10117 Berlin

Die jeweilige Antragsgebühr ist in Euro zu entrichten; Sie können mit einem Verrechnungsscheck oder mit Kreditkarte bezahlen. Reichen Sie den Scheck oder ggf. ein Kreditkartenautorisationsformular mit Ihrer Bewerbung bei der Australischen Botschaft Berlin ein.

Leben Sie in Österreich oder der Schweiz, dann erfahren Sie die Anschriften der für Sie zuständigen Botschaft aus dem Kapitel *II./Informationen für Österreich und die Schweiz*.

Falls Sie sich innerhalb Australiens bewerben, informiert Sie das *booklet* über die zuständigen Behörden, bei denen die Visumanträge einzureichen sind, und die dann geltenden Gebührenbestimmungen.

Mit welchen Bearbeitungszeiten muss ich rechnen?
Die DIMA bestätigt Ihnen schriftlich den Eingang Ihres Antrags. Die Bearbeitungszeiten variieren je nach Behörde und liegen für die einzelnen Kategorien in der Regel zwischen zwei (*Child migration*) und sechs Monaten (*Business skills migration*).
Sie werden gebeten, sich nicht telefonisch zwecks irgendwelcher Nachfragen an die Einwanderungsbehörde zu wenden. Müssen Sie sich mit dem Büro in Verbindung setzen, sollte das schriftlich (Brief oder Fax) erfolgen.

Wie hoch sind die Visumantragsgebühren?
In jedem *booklet* können Sie unter *Costs and Charges* genau nachlesen, welche Kosten Sie für den Visumantrag einplanen müssen. Die Angaben sind in australischen Dollar (Das Formblatt 990i erhält man auch übers Internet: www.immi.gov.au/allforms/990i.htm; hier gibt es auch eine Umrechnung in andere Währungen.). Die Euro-Preise erfahren Sie auch über den telefonischen Ansagedienst der Australischen Botschaft.

Welche Kosten kommen insgesamt auf mich zu?
Für etliche Posten kann an dieser Stelle noch keine Rechnung aufgemacht werden, da Ihre individuellen Vorstellungen, Voraussetzungen und Ansprüche die Höhe der finanziellen Aufwendungen mitbestimmen. Verkaufen Sie Ihre gesamte Habe oder Teile davon? Oder nehmen Sie den

Visumkategorie	1. Rate Antragsteller verfügt über weniger als *funct. English*	2. Rate Ehepartner/Kind verfügt über weniger als *funct. English*	Gesundheits- kosten
Visum-Gebühren für Antragsteller außerhalb Australiens (für Antragsteller innerhalb Australiens gelten andere Sätze)			
Prosp. marriage, Spouse, Child and Interdependant	1175 A$		
Parent, Remaining relative, Aged dep. relative	720 A$		1050 A$
Pflegeperson	720 A$		1050 A$
Orphan Relative	720 A$		
Skilled – Independant, Australian Sponsored	1745 A$	2485 A$	2485 A$
Employer nomination, labour agreement	1175 A$	4980 A$	2485 A$
Business Skills	3385 A$	4980 A$	2485 A$
Distinguished talent, Special eligibility	1175 A$	2485 A$	2485 A$

kompletten Hausstand nach Australien mit? Die Antwort auf diese Fragen wird erheblichen Einfluss auf die Höhe der Speditionskosten haben. Für wie viele Personen müssen Flüge bezahlt werden? Werden Sie finanzielle Verluste durch die Kündigung von Verträgen (Versicherungen, Mietwohnung) oder den Verkauf eines Hauses erleiden? Wollen Sie Englischkurse besuchen, um Ihre Sprachkenntnisse zu verbessern? Haben Sie in Australien bereits eine Unterkunft oder müssen Sie sich erst in einem Hotel einquartieren? Sind Sie an Ihrem neuen Wohnort auf einen Mietwagen angewiesen? Diese Liste wäre bestimmt noch um etliche Punkte zu ergänzen.

Festere Kostengrößen können da ermittelt werden, wo sie in der Regel auf alle Bewerber zutreffen (können):
– Visumantragsgebühren (erste und ggf. zweite Rate);
– ggf. Bewertung Ihrer Sprachkenntnisse durch einen Test (IELTS-Test ca. 190 A$; OET 350-400 A$);
– ggf. Bewertung Ihres nominierten Berufs durch die zuständige Einschätzungsbehörde;
– ggf. ärztliche Untersuchungen: ca. 300 A$ für jede im Visumantrag eingeschlossene Person; falls weitere Untersuchungen nötig sind, müssen auch diese von Ihnen bezahlt werden;
– ggf. polizeiliche/s Führungszeugnis/se;
– Übersetzungen der angeforderten Dokumente ins Englische (wo verlangt) und deren Beglaubigung;
– Beglaubigungen der einzureichenden Kopien von Dokumenten;
– evtl. weitere Kosten, die mit Ihrer Antragstellung zusammenhängen.

Genaue Auskünfte erteilt jede australische Vertretung oder das Informationsblatt 990i *Charges* (Download aus dem Internet: www.immi.gov.au/allforms/990i.htm).

Es empfiehlt sich, vorab alle möglichen Kosten genauestens zu kalkulieren. Wenn Sie Freunde oder Verwandte in Australien haben, bitten Sie diese,

Kosten-Beispielrechnung (General Skilled Kategorie)

Kosten beim Antrag eines *permanent visa* in der *General Skilled*-Kategorie (*Australian Sponsored* und *Independant*) in Australischen Dollar

Migration Booklet	10 A$
1. Rate:	1745 A$
2. Rate (falls Antragsteller bzw. Ehepartner/Kind unzureichende Englischkenntnisse nachweisen):	jew. 2485 A$
Englischtest (IELTS)	ca. 190 A$
Englischtest (OET)	ca. 350-400 A$

Summe min. (ausreichende Sprachkenntnisse)	**2295 A$ (1288 EUR)**
Summe max.	**7315 A$ (4107 EUR)**

Ihnen dabei zu helfen. Ein wichtiger Faktor ist auch die Zeit direkt nach Ihrer Ankunft und dem Antritt einer neuen Stelle, die durch ausreichende Geldmittel gesichert sein muss. Und beziehen Sie eine eventuelle Rückkehr in Ihre finanziellen Erwägungen ein. Erfahrungsgemäß kehrt ein Teil der Auswanderer in die alte Heimat zurück.

Was sind Health and Character requirements?

Dank Globalisierung und uneingeschränkter Mobilität ist es vielen Krankheitserregern heute möglich, ihr übliches Verbreitungsgebiet zu verlassen und sich weltweit auszudehnen. Zum Schutz vor erheblichen Gesundheitsrisiken hat Australien strenge Gesundheitsvorschriften erlassen. Auch den hohen, aber durchaus vermeidbaren Behandlungskosten soll damit zu Leibe gerückt werden.

Einwanderer werden in der Regel aufgefordert, sich einer ärztlichen Untersuchung (allgemeinmedizinische Untersuchung, Röntgenaufnahme des Oberkörpers, Labortests u.a.) durch einen Vertragsarzt (*panel doctor*) der Botschaft zu unterziehen.

Diese Regelung betrifft alle Mitglieder Ihrer direkten Familie, auch solche, die nicht mit auswandern werden. Die Ihre Bewerbung bearbeitende Behörde lässt Ihnen Formulare für die Untersuchung zukommen sowie eine Liste der in Frage kommenden Ärzte (s. Anhang).

Lesen Sie die ausführlichen Informationen im Formblatt 1071i *Health requirements for permanent visa* nach.

Die australische Regierung will ebenfalls sicherstellen, dass die neuen Einwohner von gutem Charakter sind. Zu diesem Zweck werden Sie möglicherweise aufgefordert, ein polizeiliches Führungszeugnis vorzulegen oder persönliche Fragen zu beantworten.

Woher bekomme ich professionelle Hilfe?

Wer befürchtet, die Anforderungen, die ein solcher Einwanderungsantrag an ihn stellt, nicht allein (oder mit Hilfe der bundesweiten Beratungsstellen der Wohlfahrtsverbände) bewältigen zu können, hat die Möglichkeit, die Dienste eines Einwanderungsagenten in Anspruch zu nehmen. Die DIMA rät, sich in einem solchen Fall an einen registrierten Einwanderungsagenten zu wenden. Seine Dienstleistung ist natürlich nicht kostenlos.

Sie können eine Liste registrierter Einwanderungsagenten über die DIMA beziehen, Agenten gezielt im Internet suchen: www.themara.com.au oder direkt bei der MARA (*Migration Agents Registration Authority*) anfordern, die auch für Anfragen bezüglich registrierter Einwanderungsagenten zuständig ist. Die MARA fungiert als eine Art Überwachungsinstanz: Sie untersucht Beschwerden gegen registrierte Einwanderungsagenten und führt u.U. Disziplinarverfahren gegen sie.

MARA
PO Box Q1551
QVB NSW 1230
Australia
Fax 0061 / 2 / 92 99 84 48
www.themara.com.au

Tipp!
Die australische Einwanderungsbehörde rät eindringlich davon ab, verfrüht folgenreiche Maßnahmen für eine Übersiedelung zu treffen. Selbst wenn Sie sich sehr gute Chancen für einen positiven Einwanderungsbescheid ausrechnen, ist dies noch längst keine Garantie dafür, dass Ihnen die Einreise auch tatsächlich bewilligt wird.
Also sollte man wirklich erst aktiv werden, wenn die DIMA schriftlich über die Anerkennung des Antrags benachrichtigt und die Ausstellung eines Visums versichert hat.

Problem der Aktualität

Um nicht nur einen gültigen, sondern auch einen erfolgversprechenden Visumantrag zu stellen, ist es unbedingt notwendig, über topaktuelle Informationen zu verfügen. Wenn Sie *booklets* und Infoblätter anfordern, befinden sich diese natürlich auf dem gegenwärtigen Stand (bezogen auf das Datum ihrer Drucklegung). Allerdings kann es in der kurzen Zeit bis zu Ihrer Antragstellung passieren, dass *pass marks* und *pool marks* gesenkt oder angehoben, Grenzwerte von geforderten Vermögenswerten u.a. verschoben, Adressen, Gebührensätze und Zahlungsmodalitäten verändert, Visumvoraussetzungen verschärft werden.
Die australische Regierung passt die geltenden Regelungen in einzelnen Bereichen regelmäßig den Verhältnissen im Land an.
Deshalb: Auf jeden Fall (aber besonders, wenn Ihre Bewerbung vom Erreichen einer bestimmten Punktzahl abhängt) sollten Sie vor Einreichen Ihres Visumantrags ins Internet schauen (*Last update*-Angabe der entsprechenden Webseite mit dem Datum der Ihnen vorliegenden gedruckten Information vergleichen) oder – falls Sie diese Möglichkeit nicht haben – sich an die DIMA wenden. Diesen ernst zu nehmenden Rat erteilt übrigens auch die australische Einwanderungsbehörde.

Informationen für Österreich und die Schweiz

Wie für deutsche Staatsbürger, so gelten die australischen Einwanderungsanforderungen (wie in den *booklets* beschrieben) natürlich gleichermaßen für Österreicher und Schweizer.

Österreich

Wer in Österreich lebt, wendet sich in allen Visa- und Einwanderungsangelegenheiten an die Australische Botschaft Wien. Hier erfahren Sie u.a. die Bezugsquellen von *booklets*, Informationsmaterial und Visumantragsformularen.

Australische Vertretung in Österreich
Australische Botschaft Wien
Mattiellistraße 2, 1040 Wien
Tel. 01 / 5 06 74 (Bandansage), Fax 01 / 5 13 29 08 (für Visumanfragen)
E-Mail: visa-enquiries@dfat.gov.au
www.australian-embassy.at
Öffnungszeiten der Einwanderungsabteilung:
Mo-Fr 10-12 Uhr (Schalterzeiten)
Mo-Fr 9-11 Uhr (für telefonische Anfragen)

Österreichische Vertretung in Australien
Embassy of Austria
12 Talbot Street, Forrest ACT 2603, Australia
P.O.B. 3375, Manuka, ACT 2603, Australia
Tel. 0061 / 2 / 62 95 15 33, 62 95 13 76, Fax 0061 / 2 / 62 39 67 51
E-Mail: canberra-on@bmyy.gv.at
www.aussenministerium.at/canberra und www.austriaemb.org.au

IELTS Test Centres
IELTS Administrator, The British Council Vienna
Siebensterngasse 21, 1070 Wien
Tel. 01 / 5 33 26 16 76, Fax 01 / 5 33 26 16 85
E-Mail: ielts@britishcouncil.at
www.britishcouncil.at

Schweiz

Die Australische Botschaft in Deutschland ist offiziell auch für Schweizer Visumanträge zuständig. Bürger der Schweiz bewerben sich also direkt bei der Vertretung in Berlin.

Booklets, Informationsmaterial und Visumantragsformulare können Sie jedoch bei der Agentur AITS in der Schweiz anfordern:

Australian Immigration and Trade Services (AITS)
6318 Walchwil
Tel. 033 / 823 09 53, Fax 033 / 823 09 52
E-Mail: aits@tcnet.ch, www.australianconsultancy.com

Vertretung der Schweiz in Australien
Embassy of Switzerland
7 Melbourne Avenue, Forrest ACT 2603
Tel. 0061 / 2 / 61 62 84 00, Fax 0061 / 2/ 62 73 34 28
E-Mail: vertretung@can.rep.admin.ch, www.eda.admin.ch/australia

IELTS Test Centres
IELTS Administrator, The British Council Berne
Sennweg 2 / Postfach 532, 3000 Bern 9
Tel. 031 / 3 01 49 35, Fax 031 / 3 01 14 59
E-Mail: ielts@britishcouncil.ch, www.britishcouncil.ch
Gebühren: ca. 350 Schweizer Franken

Australiens Küste (hier Bondi Beach, Sydney) bietet Wassersportlern tolle Reviere

III. Land und Leute

Üppiges Grün tropischer Regenwälder und endlose Weite der Wüste, moderne junge Metropolen und einsame Farmen, das längste Korallenriff der Erde mit seiner schillernden Unterwasserwelt, wunderschöne Strände und bizarre Felsformationen, Kängurus und Koalas – Australiens Reize sind außergewöhnlich und exotisch, der Charakter des Landes ist geprägt von spannenden Gegensätzen. Für viele Auswanderungswillige Grund genug, sich ihre neue Heimat nicht etwa im europäischen Ausland zu suchen, sondern in *down under*, am anderen Ende der Welt.

Manchem wird die Entscheidung über den künftigen Wohnort quasi aus der Hand genommen – sei es, dass ihn verwandtschaftliche Beziehungen oder die sichere Aussicht auf einen bestimmten Arbeitsplatz bereits lokal binden. Alle anderen haben die Qual der Wahl.

Australien umfasst eine beachtliche Fläche, ist um ein Vielfaches größer als Deutschland. Wo man sich letztlich auf diesem riesigen Kontinent niederlassen will, muss gut durchdacht sein. Hierbei spielen schließlich nicht nur klimatische oder geographische Kriterien, sondern auch berufliche Überlegungen eine Rolle.

Das nachfolgende Kapitel informiert über die Geschichte des Fünften Kontinents, seine politische und wirtschaftliche Situation, seine einzigartige Fauna und Flora, und *last but not least*: seine Menschen. Die Übersicht über die Bundesstaaten und Territorien ersetzt keineswegs einen ausführlichen Reiseführer, sondern stellt exemplarisch eine Auswahl kleinerer und großer Städte Australiens, viele Sehenswürdigkeiten und Naturschönheiten vor, damit Sie sich ein erstes Bild von diesem faszinierenden Land machen können.

Hintergrundinformationen

Bevölkerung

In Australien leben über 17 Millionen Menschen. Die Bevölkerungsdichte beträgt etwas über zwei Personen pro Quadratkilometer. Doch fast die Hälfte der Bevölkerung lebt in den größten Städten Sydney, Melbourne und Brisbane. Australien ist ein typisches Einwanderungsland. 90 Prozent aller Australier sind britischer Herkunft. Momentan liegt der Anteil der nicht

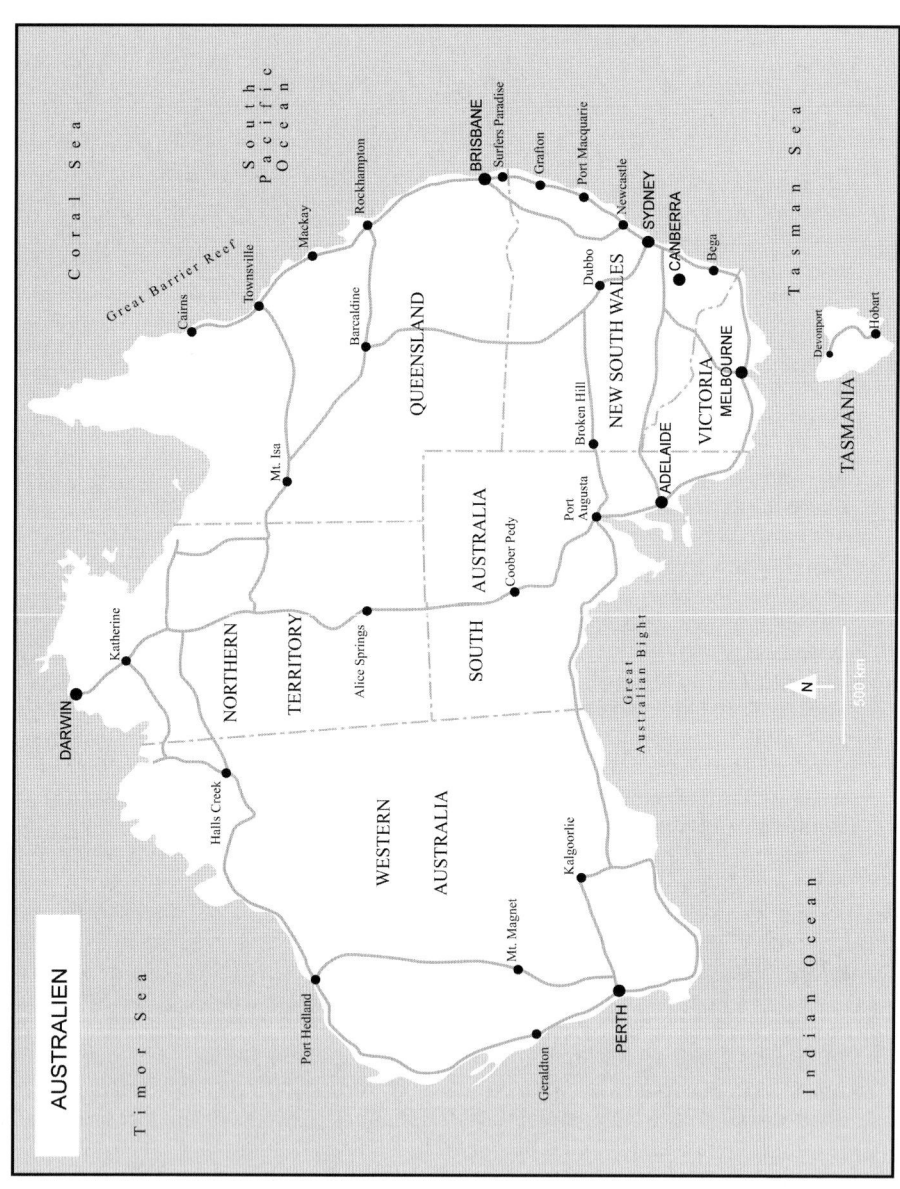

in *down under* geborenen Australier bei 20 Prozent, wovon wiederum die Hälfte aus Großbritannien oder Irland stammt. Unter den anderen Einwanderernationalitäten stellen die Italiener den größten Anteil, gefolgt von Deutschen und Griechen.

Die Ureinwohner Australiens, die Aborigines, stellen heute nur etwa 1 % der Bevölkerung. Sie sind eines der ältesten Völker der Erde und kamen vor etwa 40.000 Jahren von Südostasien über eine Landbrücke auf den Fünften Kontinent. Diese bestand, als während der letzten Eiszeit der Meeresspiegel noch wesentlich tiefer lag.

Sie verteilten sich über das ganze Land und bildeten etwa 500 bis 600 Stämme, die verschiedene Sprachen, Religionen und Traditionen entwickelten. Als letzter Stamm wurden die *Pintubi* in einem Wüstengebiet an der Grenze zwischen Northern Territory und Western Australia entdeckt. Einige Mitglieder des Pintubistammes kamen erst 1977 erstmals mit Weißen in Berührung.

Die Begegnung mit den weißen Siedlern hatte verheerende Folgen für die australische Urbevölkerung. Sie wurde bei Auseinandersetzungen getötet, vertrieben oder als Arbeitskraft ausgenutzt. Einige zaghafte Versuche der Aborigines, sich und ihr Land gegen die Eindringlinge zu verteidigen, wurden von den besser bewaffneten Siedlern niedergewalzt. Viele Aborigines starben auch an den von Europäern eingeschleppten Krankheiten, gegen die sie keine Abwehrkräfte besaßen.

Ihr Gesundheitszustand ist noch heute, trotz medizinischer Versorgung, wesentlich schlechter als der der übrigen Australier. Teilweise wird dies auf die Umstellung auf die ungewohnte und ungesunde Nahrung zurückgeführt. Mit den Siedlern kam auch der Alkohol ins Land, dessen zerstörerischer Einfluss sich schnell ausbreitete und heute eines der größten Probleme der Aborigines darstellt.

Ein besonders düsteres Kapitel in der australischen Geschichte ist die 1830 vom Gouverneur organisierte Treibjagd auf die tasmanische Urbevölkerung, quer über die ganze Insel, bei der fast alle dort lebenden Aborigines getötet wurden. Die 200 Überlebenden verbannte man auf die unwirtliche *Flinders Insel* in der *Bass Strait*, wo der letzte von ihnen 1876 starb.

In der zweiten Hälfte des 19. Jahrhunderts wurden bereits die ersten Reservate eingerichtet, von Missionsstationen geleitet.

Die Missionare, die die sogenannten Wilden in Kleider stockton, ihnen den einen Gott aufzwangen und versuchten, sie in den geordneten Tagesablauf einer westlichen Zivilisation einzugliedern, haben ebenfalls nur Probleme verursacht. Verständlicherweise konnten sich die Aborigines nicht schlagartig auf völlig neue Lebensumstände einstellen und ihre Zahl sank weiter.

Viele sogenannte Errungenschaften unserer westlichen Zivilisation (Häuser, Arbeit, Geld usw.) sind für die Aborigines, die andere Wertvorstellungen haben, äußerst fragwürdig.

Nachdem also viele Bemühungen, die Ureinwohner in die Gesellschaft der Neuankömmlinge einzugliedern, gescheitert waren, konzentrierte man sich ab etwa 1950 mehr auf Gesundheitsvorsorge und Fürsorge als auf Zwangsmaßnahmen.

Von der Regierung wurden mehr Reservate eingerichtet, in denen die Aborigines – ungestört von Missionaren – wieder ihr traditionelles Leben führen konnten. Insgesamt gibt es etwa 350 Reservate (die meisten liegen im Northern Territory und in Western Australia), die nur mit Sondergenehmigung betreten werden dürfen. Viele Ureinwohner haben sich dorthin zurückgezogen, andere entschieden sich jedoch für ein Leben zusammen mit den anderen Bevölkerungsgruppen.

Seit Ende der 1960er Jahre, als die Aborigines die gleichen Rechte wie alle anderen Australier erhielten, unter anderem auch das Wahlrecht, werden sie auch in die Bevölkerungsstatistik eingeschlossen. Daraus geht hervor, dass die Ureinwohner im Northern Territory 21 Prozent der Bevölkerung ausmachen, während ihr Anteil in allen übrigen Staaten unter 2 Prozent liegt.

Obwohl theoretisch heute alle Bevölkerungsgruppen gleichberechtigt sind, erhalten die Aborigines zusätzliche finanzielle Unterstützungen, die anderen Australiern nicht zustehen. Deren Vermutung, dass diese Steuergelder von vielen Aborigines vorwiegend dazu verwendet würden, den Alkoholpegel hoch zuhalten, sorgt ständig für Zündstoff und hilft wenig, den Rassismus abzubauen.

Die große Masse der übrigen Australier ist den Ureinwohnern gegenüber ablehnend oder gleichgültig eingestellt.

1971 wurde in Queensland der erste Ureinwohner ins Parlament gewählt. 1976 wurde vom Bundesparlament der *Aboriginal Land Rights Act* verabschiedet. Dieses Gesetz sichert den Ureinwohnern den Besitz des Reservatlandes und bildet die rechtliche Grundlage, Ansprüche auf ihr traditionelles Land, auch außerhalb der Reservate, geltend zu machen. Die Mineralvorkommen in diesen Gebieten bleiben jedoch im Besitz der Regierung. Theoretisch können sie zwar nur mit Genehmigung der Aborigines abgebaut werden, das Gesetz sieht jedoch vor, dass sich die Regierung darüber hinwegsetzen kann, falls dies im nationalen Interesse liegt.

Von den Aborigines selbst wurde die *Homeland-Bewegung* auf die Beine gestellt, die das Zusammenleben von mehreren Familien im traditionellen Lebensstil zum Ziel hat. (S. auch Kapitel Geschichte und Politik.)

Geographie
Australien, der kleinste Kontinent, nimmt eine Fläche von fast 7,7 Millionen Quadratkilometern ein. Von Ost nach West misst man etwa 4000 km, von Süd nach Nord sind es ungefähr 3300 km. Die Küsten des Erdteils grenzen an den Indischen Ozean, den Südpazifik, die *Tasman Sea, Timor Sea* und *Coral Sea.*
Der nördlichste Punkt des Landes heißt *Cape York,* der südlichste South *East Cape,* der westlichste *Steep Point* und der östlichste *Cape Byron.* Mit einer Durchschnittshöhe von 300 m ist Australien der flachste Erdteil. Der südliche Wendekreis verläuft quer durch Australien, die nördlichen 40 Prozent der Fläche zählen zu den Tropen. Aus geologischer Sicht ist der Kontinent die älteste Landmasse der Erde.
Australien lässt sich in drei Landschaftsformen aufteilen:
Das **westaustralische Plateau** umfasst über die Hälfte des Kontinents, es erstreckt sich von der Westküste bis östlich von Alice Springs und besteht zum großen Teil aus Wüsten und Steppen *(Great Victoria Desert, Gibson Desert, Great Sandy Desert).* Aus diesen Ebenen ragen vereinzelte Berge, der bekannteste ist der *Ayers Rock (Uluru).*
Das **mittelaustralische Tiefland** schließt östlich daran an und reicht vom *Spencer Golf* im Süden bis zum Golf von Carpentaria im Norden. Die tiefste Stelle ist der *Lake Eyre,* ein ausgetrockneter Salzsee südöstlich von Alice Springs, mit 12 m unter dem Meeresspiegel.
Das **ostaustralische Hochland**, ein durchgehender Gebirgszug *(Great Dividing Range)* mit dem höchsten Berg des Kontinents, dem *Mount Kosciusko* (2228 m), reicht von der *Bass Strait* im Süden bis zum *Cape York* im Norden.
Die **Bundesstaaten** bzw. **Territorien** mit ihren Hauptstädten:
New South Wales (Sydney), Victoria (Melbourne), Tasmania (Hobart), South Australia (Adelaide), Western Australia (Perth), Queensland (Brisbane), Northern Territory (Darwin), und als eine Enklave im Staat New South Wales liegt das Australian Capital Territory mit Canberra, der Hauptstadt von Australien.
Zu Australien gehören außerdem: Norfolk Island, Keeling Island, Christmas Island, Coral Sea Island Territory, Ashmore und Cartier Islands, Heard, MacDonald Islands und das Antarktis Territory.

Klima
Australien liegt auf der südlichen Halbkugel, wodurch die Jahreszeiten im Vergleich zu denen hierzulande genau umgekehrt verlaufen: der Frühling fällt auf die Monate September bis November, Sommer ist von Dezember

bis Februar, der Herbst dauert von März bis Mai, und Winter ist im Juni, Juli und August. Die typischen Jahreszeiten machen sich allerdings nur im südlichen Teil des Kontinents bemerkbar, im Norden unterscheidet man lediglich eine Trockenzeit (Mai bis November) und eine Regenzeit (Dezember bis März/April).

Australien hat mehrere Klimazonen. Grob gesagt: Nördlich des Wendekreises des Steinbocks, der sich quer über den Kontinent erstreckt, liegen die Tropen. Damit ist es im **Norden** das ganze Jahr über warm bis heiß mit hoher Luftfeuchtigkeit. Tropische Monsunregen fallen von Dezember bis März. Am ausgeprägtesten verläuft die Regenzeit ganz im Norden (um Darwin), etwas abgeschwächt aber auch am nördlichen *Great Barrier Reef* (um Cairns). Die Regenzeit bringt häufig Wirbelstürme (Zyklone) mit sich. Der bisher schlimmste Zyklon suchte Darwin an Weihnachten 1974 heim und zerstörte fast die ganze Stadt. Das Baden im Meer ist zwischen November und Februar fast überall verboten, da um diese Zeit giftige Quallen die Küste bevölkern. Die Monate April bis September sind im Norden die schönsten.

Im **Zentrum** herrscht Wüsten- und Halbwüstenklima mit seltenen Niederschlägen. An manchen Stellen regnet es überhaupt nicht. Recht angenehm ist es hier von April bis September, während der restlichen Monate ist es

Das Känguru ist in verschiedenen Arten überall in Australien anzutreffen

unerträglich heiß. In der kühlen Jahreszeit sinken jedoch die Temperaturen nachts oft fast bis zum Gefrierpunkt.

Das **südliche Queensland** und **nördliche New South Wales** sind subtropisch und das ganze Jahr über schön, im Sommer ist es allerdings oft sehr heiß. Perth, Adelaide und Sydney haben Mittelmeerklima: heiße Sommer, milde Winter.

Im **Süden** (Victoria und Tasmania) ist das Klima gemäßigt. Die Winter (Juni-August) sind kalt und grau, im Hochland kommt es zu Schneefällen. Während der restlichen Zeit ist es warm und sonnig mit längeren Hitzeperioden in Victoria im Januar/Februar.

Tierwelt

Wegen seiner abgeschiedenen Lage konnte sich das Tierreich auf dem ältesten Kontinent völlig unbeeinflusst entwickeln und hat heute wenig gemeinsam mit der Fauna der restlichen Welt.

Beuteltiere

Beuteltiere gehören zur Gattung der Säugetiere; sie gebären vorzeitig und stecken die Jungen in einen Beutel am Bauch, in dem diese sich fertig entwickeln. Die bekannteste Art ist das **Känguru,** das in unzähligen Arten von unterschiedlichster Größe überall in Australien vertreten ist und zusammen mit dem Emu das australische Wappen ziert. Zur Fortbewegung werden die kräftigen Hinterbeine benutzt, der Schwanz dient zum Steuern oder als „drittes Bein" beim langsamen Vorwärtsbewegen. Die Vorderpfoten werden wie Hände zum Fressen, Kratzen und sogar zum Boxen verwendet.

Der **Koala** ist kein Bär, wie fälschlicherweise angenommen wird, sondern gehört ebenfalls zur Gruppe der Beuteltiere. Er erreicht eine Größe von max. 60 cm und wird bis zu 10 kg schwer. Seine Kennzeichen: weiches Fell, große Ohren, Knopfnase und Knopfaugen. Der Koala ernährt sich ausschließlich von Eukalyptusblättern und hängt aufgrund dieser drogenhaltigen Nahrung ständig schläfrig in den Bäumen. Er ist nicht mehr häufig in Freiheit anzutreffen.

Beim **Opossum** (Possum) handelt es sich um eine Beutelratte, die wie ein gigantisches Eichhörnchen (über 50 cm groß) aussieht und ebenfalls in Bäumen herumklettert. Es lebt sogar in dicht besiedelten Gebieten, z.B. in den Grünanlagen der Großstädte, wo es in der Abenddämmerung hervorkommt und Spaziergänger um Futter anbettelt.

Der **Wombat** ist das einzige Nagetier unter den Beuteltieren. Er ist groß, hat ein schwarzbraunes Fell und lebt in Höhlen, hauptsächlich im Süden des Kontinents und in Tasmanien.

Der **Tasman Devil** (Beutelteufel), ein schwarzes Raubtier, wird bis zu 1 m lang und hat einen bärenähnlichen Kopf. Er lebt in kleinen Höhlen, in Felsen und Baumstümpfen in Tasmania. Auf dem Festland wurde er vom Dingo ausgerottet, und auch in Tasmania ist er vom Aussterben bedroht, auch wenn es dort keine Dingos gibt.

Der **Numbat** wird seinem Namen nicht ganz gerecht: Er ist ein Beuteltier, jedoch ohne Beutel. Die Jungen klammern sich statt dessen an das Fell der Mutter. Er wird bis zu 50 cm groß, ist rotbraun mit einem weißen Streifen auf dem Rücken und ernährt sich von Ameisen. Er ist sehr selten und lebt nur noch in South Australia und Western Australia.

Eierlegende Säugetiere

Als Kuriosität in der ganzen Tierwelt gilt der **Platypus (Schnabeltier),** der nur an der Ostküste Australiens vorkommt. Er legt Eier, säugt aber seine Jungen. Der Platypus ist zu erkennen an seinem braunen Fell, den Schwimmhäuten zwischen den Zehen und einem beeindruckenden Schnabel. An Land kann er gut hören und sehen, unter Wasser schließt er die Augen und tastet sich den Weg mit seinem „Entenschnabel". Der männliche Platypus besitzt an den Hinterbeinen einen Giftstachel.

Sonstige Säugetiere

Der **Dingo** ist ein wilder Hund mit hellbraunem Fell, spitzen Ohren und buschigem Schwanz mit weißer Spitze. Er kann nicht bellen, dafür um so lauter heulen. Man vermutet, dass er vor Jahrtausenden zusammen mit den Aborigines auf den Kontinent kam.

Kaninchen wurden von den europäischen Siedlern ins Land gebracht. Sie bestätigten ihren Ruf, sich schnell und unkontrolliert zu vermehren, und entwickelten sich bereits im 19. Jahrhundert in ganz Australien zur Landplage.

Die heute in den Wüstengegenden lebenden wilden **Dromedare** sind die Nachfahren der Lasttiere des 19. Jahrhunderts, die freigelassen wurden, als man ihre Dienste nicht mehr benötigte.

Vögel

In Australien gibt es über 1000 Vogelarten, am bekanntesten ist der **Emu**, ein Laufvogel. Er wird 1,50 m groß, 60 kg schwer, kann nicht fliegen, aber sehr schnell laufen: bis zu 50 km/h. Die Eier des Emus sind dunkelgrün und werden dem Männchen zur Brutpflege überlassen.

Zu den 50 australischen Vertretern der Papageienfamilie gehören u.a.: der **Cockatoo** (Kakadu), meist weiß mit gelbem Schopf, ein beliebtes Haustier bei den Australiern; der **Budgerigar**, unser wohlbekannter Wellensittich, der hier so verbreitet ist wie bei uns die Spatzen. Seine natürliche Farbe ist grün, andere Farben wurden angezüchtet. Der Name „Budgerigar" entstammt der Sprache der Ureinwohner und bedeutet „guter Vogel".

Die Besonderheit der australischen **Pelikane** sind die schwarzen Flügel. Sie ernähren sich von Fischen, die sie mit ihrem praktischen Schnabel einfach aus dem Wasser schöpfen.

In Western Australia sind die **Schwäne** schwarz.

Fairy Penguins (Zwergpinguine), die kleinste Pinguinart der Welt, leben an der Südküste Australiens, vor allem auf *Kangaroo Island* (South Australia) und *Phillip Island* (Victoria). Sie werden nur etwa 40 cm groß, sind am Rücken graublau und am Bauch weiß.

Reptilien

Reptilien gibt es in Australien zur Genüge: Land- und Wasserschildkröten, Eidechsen, Krokodile und Schlangen. Von den 110 **Schlangenarten**, die vorwiegend in den Regenwäldern und Wüsten leben, sind etliche giftig. Am gefährlichsten sind *Taipane, Tiger Snake, Brown Snake* und *Black Snake* sowie viele Natternarten. Glücklicherweise sind Schlangen sehr scheu, sie fliehen eher als anzugreifen. Falls man trotzdem gebissen wird: Ruhe bewahren, sich möglichst das Aussehen der Schlange merken, Wunde abbinden und so schnell wie möglich einen Arzt aufsuchen. Die gebissene Person sollte sich sehr wenig bewegen, damit das Gift nicht so schnell in den Blutkreislauf gerät.

Auf **Krokodile** trifft man nur im Norden. Man unterscheidet zwischen Salzwasser- und Süßwasserarten, wobei die Salzwasserkrokodile größer, angriffslustig und gefährlich sind. Am besten kann man Krokodile vom Schiff aus auf dem Adelaide River, 80 km südlich von Darwin beobachten. Zur ältesten Eidechsenart rechnet man den **Goanna** (Waran) – mit einer gespaltenen Zunge und langen Krallen. Er wird bis zu 2 m lang, ist schwarz und Fleischfresser, aber für Menschen nur gefährlich, wenn er sich angegriffen fühlt. Dann kann er mit seinem Schwanz schmerzhafte Verletzungen verursachen.

Insekten, Würmer

Termiten sind im Norden Australiens weit verbreitet, was man leicht an den unzähligen, bis zu 3 m hohen Termitenhügeln erkennen kann.

Von den rund 1500 **Spinnenarten** in Australien sind zwei gefährlich. Die *Funnel Web Spider* lebt vorrangig im Gebiet um Sydney und ist an ihrem röhrenförmigen Spinnennetz zu erkennen. Die *Red Back Spider* ist eine Art der schwarzen Witwen und kommt hauptsächlich in Victoria vor. Ihr Körper ist schwarz, auf dem Rücken ein roter Punkt. Wenn man von einer dieser beiden Spinnen gebissen wird, empfiehlt sich der schnellstmögliche Gang zum Arzt. Alle anderen australischen Spinnen sind harmlos, auch wenn ihr Äußeres zum Teil etwas anderes vermuten lässt.

Fliegen und **Mücken**, in über 6000 Arten auf dem Kontinent vertreten, sind vor allem im Outback eine Plage für Mensch und Tier und zudem gefährliche Krankheitsüberträger.

Als weitere Plage fürchtet man die **Heuschrecken**, wenn sie in Schwärmen über Getreidefelder herfallen. Sie kommen meist aus dem Süden von Queensland oder aus dem Nordwesten von New South Wales und breiten sich über die Anbaugebiete in New South Wales, Victoria und South Australia aus.

Skorpione bevorzugen trockene und heiße Regionen. Vorsichtig sollte man sein, wenn man im Outback im Freien übernachtet.

Der **Earthworm** ist mit unserem Regenwurm vergleichbar. Er kommt in über 100 Arten in Australien vor. Die größte Art lebt in Gippsland in Victoria und wird bis zu 3 m lang.

Meerestiere
In Australien lassen sich 2200 verschiedene Fischarten unterscheiden, davon etwa 50 Rochen- und 100 Haiarten.

Haie sind sehr zahlreich vor Australiens Küsten vertreten. Jedes Jahr werden Haiangriffe auf Menschen gemeldet. An vielen Hauptbadestränden hat man Haigitter gespannt, zusätzlich werden Hubschrauber eingesetzt, um die Badenden zu warnen, falls Haie vor der Küste auftauchen sollten.

Marlins (Schwertfische, die bis zu 700 kg schwer werden) sind beliebte Fangobjekte der Hochseefischer.

Der **Snapper** ist der meistgefangene Fisch in australischen Gewässern. Er wiegt bis zu 20 kg.

Der gut schmeckende **Crayfish** ist eine Hummerart. Es gibt Salzwasser- und Süßwasser-Crayfish.

Leider muss gerade bei den tropischen Traumstränden Australiens vor zwei Gefahren im Paradies gewarnt werden: **Sea Wasp**, auch **Jelly Fish** genannt, ist eine gefährliche Quallenart, die mit Nervengift innerhalb von Minuten einen Menschen töten kann.

Wenn *Sea Wasps* in großen Mengen auftreten, was meist während der Monsunzeit (Dezember-März) im tropischen Norden der Fall ist, wird das Baden an den Stränden verboten. Ebenfalls tödlich giftig ist der **Stonefish**. Er sieht so unauffällig aus wie ein Stein und lebt auf dem Meeresboden (auch an flachen Stellen) in den tropischen nordaustralischen Gewässern. Er trägt auf dem Rücken 13 Giftstacheln, die sich in den Fuß bohren, falls man auf ihn tritt. Man sollte deshalb beim Baden im Meer stets Schuhe anziehen und beim Tauchen und Schnorcheln nichts anfassen.

Vegetation

Die spezifisch australische Flora hat sich mit Pflanzenarten vermischt, die von Einwanderern aus aller Welt importiert wurden. Einen guten Überblick über die heimische Pflanzenwelt geben die Botanischen Gärten, die man in fast allen größeren Städten findet. Typisch für Australien sind u.a.:

Die **Akazie**, ein weit verbreiteter Baum, wird in Australien *Wattle* genannt. Ungefähr 650 der 900 Akazienarten wachsen ausschließlich auf dem Fünften Kontinent.

Banksias sind immergrüne Büsche und Bäume, die bis zu 15 m hoch werden. Sie können sich nur bei Waldbränden vermehren, wenn die Hitze die Samenkapseln sprengt.

Baobs kommen nur in Western Australia und im Northern Territory vor, werden selten höher als 20 m, erreichen aber einen Umfang von bis zu 20 m. Der dicke Baumstamm nimmt große Mengen an Wasser auf, was ihm das Überleben in trockenen Gebieten ermöglicht.

Bottle Trees, den Baobs ähnlich, machen ihrem Namen alle Ehre: Sie haben einen bauchigen Stamm, in dem sie bis zu 300 Liter Wasser speichern können, und sehen wie eine große Flasche (bis zu 17 m hoch) aus. Man entdeckt sie nur noch selten.

Eukalyptusbäume stehen in der Rangliste typisch australischer Pflanzen ganz vorne; sie wachsen mit über 500 Arten in allen Teilen des Kontinents. Zu den bekanntesten zählen die *Gum Trees, Mallees, Jarrahs* und *Karris*.

Auch **Grass Trees** sind fast überall in Australien verbreitet. Der schwarze dicke Stamm wird bis zu 6 m hoch. Aus der Spitze wächst ein Büschel grasähnlicher Blätter.

Kangaroo Paw (Kängurupfote) ist die Nationalblume von Western Australia.

Mangrovenbäume gedeihen im Sumpf und Schlamm von Flussmündungen und Lagunen.

Kunst und Kultur

Australien steht in dem Ruf, ein kulturloses Land zu sein – zu Unrecht. Das Land blickt zurück auf eine Jahrtausende währende Vorgeschichte. Verglichen mit europäischen Maßstäben verfügt Australien allerdings nur über einen sehr kurzen Zeitraum schriftlich dokumentierter Geschichte.

Die ältesten Gebäude stammen aus der Kolonialzeit und dienen jetzt häufig als Heimatmuseen, was europäische Besucher meist nicht sonderlich beeindruckt. Aber abgesehen von dem Mangel an historischen Bauten hat Australien an Kunst und Kultur so einiges zu bieten.

Malerei

Die **Kunst der Aborigines** besteht hauptsächlich aus Felszeichnungen und -ritzungen, bemalten Waffen und Gebrauchsgegenständen, Malerei auf Baumrinde, aber auch aus Bildern auf der Basis von Wasserfarbe oder Öl. Dargestellt werden meistens Szenen aus der Mythologie, dem Alltag oder der Natur.

Die Farbpalette der traditionellen Ureinwohner-Malerei beschränkt sich auf weiß, gelb, rot und schwarz. Als Malwerkzeug dienen Zweige, Stöcke oder die Finger.

Eine Besonderheit in der Malerei der Aborigines ist der „Röntgenstil", der seinen Ursprung im *Arnhem Land* (Northern Territory) hat: Der Künstler stellt bei Tieren und Menschen außer den Umrissen auch die Skelette und inneren Organe dar.

Neben der Malerei stellen die Ureinwohner auch Schnitzereien, Körbe, Matten und andere Kunst- oder Gebrauchsgegenstände her. Mit Ausnahme von religiösen Objekten findet sich fast alles in den Souvenirläden oder kleineren Kunstgalerien.

Die **Malerei der weißen Australier:** In den ersten Jahrzehnten der Besiedlung wurde der englische Stil kopiert, der jedoch überhaupt nicht zu Australien passte. Erst gegen Ende des 19. Jahrhunderts setzte sich vor allem mit der Heidelberger Schule (Heidelberg ist ein Vorort von Melbourne) ein eigener Stil durch, eine Art australischer Impressionismus.

Literatur

Die ersten literarischen Veröffentlichungen in Australien waren Tagebücher von Siedlern. Im 19. Jahrhundert begannen einige Autoren in Romanform zu schreiben, wobei sich die Handlung meist um Siedler, Sträflinge und Abenteurer drehte.

Bekannte australische Schriftsteller des 20. Jahrhunderts sind Patrick White, der 1973 den Nobelpreis für Literatur erhielt, James Aldridge, Norman Lindsay, George Johnston und Peter Carey.

Musik, Theater und Kino

Klassische Konzerte, Oper und Ballett stehen fast jeden Abend in den Großstädten auf dem Spielplan. Jede Hauptstadt unterhält ihr eigenes

Symphonieorchester. In zahlreichen großen und kleinen Theatern werden klassische und moderne Stücke aufgeführt.

Eine große Auswahl bietet sich allabendlich an Rock-, Pop- und Folkkonzerten. Die international bekannten Gruppen spielen in großen Hallen. Es lohnt sich aber auch, die kleineren Veranstaltungen und Kneipen mit Live-Musik zu besuchen.

Kino ist in *down under* ziemlich populär. Das reiche Programmangebot besteht aus wenigen australischen Filmen und vielen ausländischen, vor allem amerikanischen Produktionen. Anderssprachige Filme werden nicht synchronisiert, sondern mit englischen Untertiteln versehen.

Australiens reiches Kulturleben beschränkt sich auf die Großstädte. Auf dem Land ist das abendliche Unterhaltungsangebot eher bescheiden.

Geschichte

Frühzeit

Die ersten Menschen, die den Kontinent bevölkerten, waren die Ureinwohner (Aborigines), die vor über 40.000 Jahren von Südostasien her einwanderten.

In Europa beruhten Gedanken über die Existenz Australiens zunächst auf reiner Mutmaßung. Nachdem sich nämlich die Erkenntnis, dass die Erde eine Kugel ist, durchgesetzt hatte, nahm man an, es müsse zu den Landmassen im Norden ein Gegengewicht auf der südlichen Halbkugel geben. Im 2. Jh. n. Chr. fertigte ein griechischer Gelehrter eine Weltkarte an und zeichnete im Süden die *Terra Australis Incognita* ein – das unbekannte Land im Süden. Eine Bestätigung erhielt diese Hypothese erst durch die Entdeckungsreisen der Seefahrer im 17. Jahrhundert.

Entdeckung

Die ersten Europäer, die in den Gewässern um Australien aktiv wurden, waren holländische Seefahrer, die den Kontinent *Neuholland* nannten. Die erste Landung fand 1606 an der Nordküste statt. 1616 entdeckte Dirk Hartog die *Shark Bay* im heutigen Western Australia, und 1622 umsegelte Leeuwin die Südwestecke des Kontinents.

Abel Tasman unternahm zwei Reisen, 1642 und 1644, und entdeckte die nach ihm benannte Insel Tasmania. 1696 wurde schließlich der *Swan River* erforscht, an dem heute Perth liegt. All diese holländischen Kapitäne trugen während des 17. Jahrhunderts zur relativ genauen Eintragung der Küste Neuhollands auf den damaligen Seekarten bei, lediglich die Ostküste blieb unbekannt. Die Landgänge der Holländer fanden in den unwirtlichsten Gegenden statt, und da im unmittelbaren Hinterland auch keine

Bodenschätze gefunden wurden, kam in Holland wenig Interesse auf, dieses Land in Besitz zu nehmen.

1688 betrat als erster Engländer William Dampier australischen Boden. 1688 und 1699 unternahm er zwei Erkundungsfahrten an der Nord- und Westküste und konnte nur die negativen Erfahrungen seiner holländischen Vorgänger bestätigen. So nahm auch England vorerst davon Abstand, das Land zu okkupieren.

Erst als James Cook, der als eigentlicher Entdecker Australiens in die Geschichte eingegangen ist, 1770 von Tahiti und Neuseeland kommend die Ostküste Australiens sichtete, kam die Wende. Er ging an der *Botany Bay*, in der Nähe des heutigen Sydney, an Land und segelte anschließend die Küste entlang nach Norden. Am *Great Barrier Reef* lief er während eines Sturms auf ein Korallenriff auf, und es dauerte fast zwei Monate, bis seine Mannschaft das Schiff wieder repariert hatte. Diese Zeit nutzte Cook für Erkundungen im Hinterland. Er nahm schließlich die gesamte Ostküste für die englische Krone in Besitz und nannte sie New South Wales. James Cook war der erste, der nicht von endlosen Wüsten, sondern von Bergen, Wäldern und grünen Wiesen berichtete. Hätte man die Ostküste zuerst entdeckt, wäre Australiens Geschichte sicher anders verlaufen.

Zu dieser Zeit verlor England durch den amerikanischen Unabhängigkeitskrieg seine nordamerikanischen Kolonien und beschloss daher, Australien als neues Deportationsland für Sträflinge zu benutzen.

Besiedlung

Captain Arthur Phillip wurde zum Gouverneur der geplanten Kolonie ernannt, und die erste Flotte mit zehn Schiffen und Hunderten von Sträflingen und Wachpersonal an Bord segelte im Mai 1787 los. Fast acht Monate später, am 26. Januar 1788, legten sie in Australien an und gründeten eine Siedlung, die Captain Phillip zu Ehren des damaligen englischen Innenministers *Sydney Cove* benannte. Daraus entwickelte sich Sydney, heute die größte Stadt Australiens. Der 26. Januar (*Australia Day*) wurde zum Nationalfeiertag.

Im damaligen England war die Deportation nach Australien nach der Todesstrafe das schwerste Strafmaß. Die asoziale Zusammensetzung der neuen Gesellschaft (Mörder, Diebe), deren generelle Arbeitsunwilligkeit und Trunksucht sowie die Bestechlichkeit der Beamten ließen die ersten Jahre zu einem Kampf ums Überleben werden. 1792 gab Gouverneur Phillip auf und verließ das Land. Auch seine Nachfolger wechselten schnell. Einer davon war Captain William Bligh (1806), der Kapitän der *Bounty*, auf der die berühmte und oft verfilmte Meuterei stattfand.

Als nächste Siedlung wurde Parramatta, heute ein Vorort von Sydney, gegründet. 1798/99 gingen die Seefahrer Matthew Flinders und George Bass auf Entdeckungsfahrt entlang der Südostküste, durchsegelten die Bass Strait, die Tasmania vom Festland trennt, und erforschten die Insel. Von 1801 bis 1803 unternahm Matthew Flinders eine weitere große Entdeckungsfahrt rund um den Kontinent und kartographierte die gesamte Küste. In Anlehnung an *Terra Australis Incognita* benutzte er ausschließlich den Namen „Australien", so dass „Neuholland" allmählich in Vergessenheit geriet. Mit diesen beiden Reisen schuf Matthew Flinders die Voraussetzung für eine weitere Besiedlung des Kontinents.

Zwischen 1788 und 1868 wurden insgesamt ca. 170.000 Sträflinge nach Australien deportiert. Viele starben schon bei der Überfahrt auf den völlig überfüllten Schiffen. Die Überlebenden wurden zum Bau von Straßen, Hafenanlagen und öffentlichen Gebäuden eingesetzt. Einige wurden in die Kohlebergwerke von Newcastle oder auf die Verbannungsinseln Norfolk Island und Tasmania geschickt.

Aber auch immer mehr freiwillige Siedler kamen nach Australien, die Arbeitswillen mitbrachten und denen der wirtschaftliche Aufschwung zu verdanken ist.

Ende des 18. Jahrhunderts wurde bereits mit der Schafzucht begonnen, und zu Beginn des 19. Jahrhunderts zählte die Kolonie 1800 Einwohner, die sich hauptsächlich auf Sydney und Umgebung konzentrierten. Das erste Hindernis, das die Siedler überwinden mussten, waren die Gebirgszüge der *Great Dividing Range*.

1813 fand man einen Weg durch die *Blue Mountains* und entdeckte dahinter gutes Weideland.

Da auch Frankreich an Kolonien in Australien interessiert war, beeilten sich die Engländer während der ersten Hälfte des 19. Jahrhunderts, an der gesamten Küste Siedlungen zu errichten, um ihre Ansprüche auf den Kontinent zu untermauern. Diese Siedlungen wurden später zu den Hauptstädten der Bundesstaaten.

Die Erforschung des unwirtlichen Landesinneren begann um 1840 und kostete vielen Abenteurern und Forschern das Leben. 1850, als etwa 400.000 Siedler in Australien lebten (davon 100.000 Sträflinge), gewährte Großbritannien den Kolonien New South Wales, Victoria, Tasmania und South Australia eine fast uneingeschränkte Autonomie.

Goldrausch

1851 wurde Gold in Bathurst (New South Wales) und kurz darauf in Bendigo und Ballarat (Victoria) gefunden. Dies lockte Goldsucher und Abenteurer aus aller Welt nach Australien, und bald wurde an unzähligen Stellen über den ganzen Kontinent verteilt erfolgreich nach Gold gegraben. Der Goldrausch brachte Reichtum nach Australien und ließ die Bevölkerungszahl in den Jahren um 1860 enorm ansteigen. 1868 machten Strafgefangene oder ehemalige Strafgefangene nur noch ein Neuntel der Bevölkerung aus.

Zwischen 1870 und 1872 wurde eine Telegrafenleitung zwischen Adelaide und Darwin verlegt, die so den Süden des Kontinents via Asien mit London verband. 1883 wurde die Eisenbahnlinie zwischen Sydney und Melbourne dem Verkehr übergeben.

1890 wurde Western Australia als sechste Kolonie autonom.

Die Opfer der so schnell verlaufenden Entwicklung waren die Aborigines, ihre Kultur und Tradition wurde einfach überrollt. Sie waren den Siedlern zwar nicht gerade freundlich gesinnt, aber zu Aufständen wie bei den nordamerikanischen Indianern kam es nie.

20. und 21. Jahrhundert

1901 proklamierte Königin Victoria von England das *Commonwealth of Australia*, den Zusammenschluss der Bundesstaaten zum Australischen Bund. Wegen der großen Rivalität zwischen Sydney und Melbourne wurde mit dem Bau von Canberra als neutraler Bundeshauptstadt, etwa auf halbem Wege zwischen den konkurrierenden Städten, begonnen. Das Bundesparlament tagte vorläufig in Melbourne, zog aber 1927, als das Parlamentsgebäude in Canberra fertiggestellt war, in die Hauptstadt um.

Im Ersten Weltkrieg kämpften australische Soldaten auf britischer Seite. Nach dem Krieg trat Australien dem Völkerbund bei und nahm auch am Zweiten Weltkrieg teil. Am 19. Februar 1942 fielen zum ersten Mal Bomben auf dem Kontinent. Die Japaner zerstörten Darwin und griffen mit U-Booten die Küsten von Sydney an.

Australien ist Gründungsmitglied der UNO, gehört seit 1952 dem ANZUS-Pakt (Australia-New Zealand-United States) und seit 1954 der SEATO (South East Asian Treaty Organization) an. Aufgrund des ANZUS-Pakts kämpfte Australien an der Seite der USA auch im Vietnam- und Koreakrieg. 1962 erhielten die Ureinwohner das Wahlrecht, 1965 wurde das Dezimalsystem eingeführt und 1966 die Währung vom englischen Pfund auf den australischen Dollar umgestellt.

1977 wurden die Landrechte der Aborigines im Northern Territory anerkannt; 1985 wurde der *Uluru-Kata Tjuta Nationalpark* an die Aborigines zurückgegeben. 1988 feierte Australien am 26. Januar den 200sten Jahrestag der Landung der ersten weißen Siedler, ein glanzvolles Fest, das vom Protest der Aborigines begleitet wurde. 1990 wählten die verschiedenen Aborigines-Stämme erstmals Vertreter für die *Aborigines and Torres Strait Islander Commission* als Regierungsvertretung der australischen Urbevölkerung. 1993 wurden die grundsätzlichen Landrechte den Aborigines zuerkannt, nachdem zuvor offiziell das Land vor Eintreffen der ersten Siedler als „Terra Nullis" angesehen wurde.

Eine Volksabstimmung brachte 1999 ein unerwartetes Ergebnis: Die Mehrzahl der Australier entschied sich für die Beibehaltung der Monarchie.

Die im Jahr 2000 in Australien abgehaltene Sommer-Olympiade wurde begleitet von zahlreichen Protestmärschen für die Rechte der Aborigines. Mit bis zu einer halben Millionen Teilnehmern spiegelte sich hier das geänderte Rechtsbewusstsein der Australier.

Am 1.1.2002 wurde in Australien eine Mehrwertsteuer (*Goods and Sales Tax)* von 10 % eingeführt.

Politik

Das *Commonwealth of Australia* setzt sich aus den sechs Staaten New South Wales, Victoria, Tasmania, South Australia, Western Australia und Queensland sowie den beiden Territorien Northern Territory und Australian Capital Territory zusammen.

Die australische Verfassung orientiert sich am englischen Vorbild. Der vom britischen Monarchen (Königin Elisabeth II.) ernannte Generalgouverneur steht an der Spitze des Staates, kann theoretisch den Premierminister ernennen und entlassen, das Parlament berufen oder auflösen und ist Oberbefehlshaber der australischen Armee. In der Praxis ist der jeweilige Generalgouverneur jedoch nur eine symbolische Figur, die von dieser Macht keinen Gebrauch macht und lediglich ihre Unterschrift unter Beschlüsse setzt.

Nur einmal, 1975, setzte ein Generalgouverneur die Regierung ab und löste das Parlament auf, nachdem ein Finanzgesetz nicht verabschiedet worden war

Vertreten durch den Generalgouverneur, bildet die Krone, das Staatsoberhaupt Großbritanniens, Legislative und Exekutive.

Die *Legislative* liegt beim Bundesparlament, das sich aus dem Generalgouverneur, dem Senat und dem Abgeordnetenhaus zusammensetzt. Der Generalgouverneur setzt die von beiden Häusern beschlossenen Gesetze durch seine Unterschrift in Kraft.

Die *Exekutive* besteht aus einem Exekutivrat, dessen Mitglieder die Staatsminister sind und dessen Vorsitzender wiederum der Generalgouverneur ist. Der Exekutivrat verleiht Beschlüssen Rechtskraft.

In den ersten Jahren war der Staatenbund ein relativ loser Zusammenschluss der sechs ehemaligen Kolonien, und so blieben viele Kompeten-
zen bei den einzelnen Staaten, wie z.B. Polizei und Schulwesen und auch
weitgehend die Rechtsprechung. So besitzt jeder Bundesstaat einen eigenen Obersten Gerichtshof. Allerdings ist das Oberste Bundesgericht in
Canberra als Verfassungsgericht tätig und somit auch letzte Berufungsins-
tanz.

Wirtschaft

Die goldenen Zeiten eines vielversprechenden Einwandererlandes gehören
der Vergangenheit an. Australien lebt hauptsächlich vom Export landwirt-
schaftlicher Produkte und Bodenschätze und ist daher deutlich anfällig für
Krisen. Die Haupthandelspartner sowohl für Import als auch für Export
sind die USA, Japan und Großbritannien.

Landwirtschaft

In der Gesamtwirtschaft Australiens spielt die Landwirtschaft eine große
Rolle. Die Getreideanbaugebiete befinden sich im Süden des Kontinents,
wobei Weizen der Spitzenreiter unter den Produkten ist. In Queensland
und im Norden von New South Wales befinden sich riesige Zuckerrohrplantagen. Beim Obstanbau bringen Äpfel, vor allem die aus Tasmanien,
die meisten Erträge. Der bedeutendste Faktor der Landwirtschaft ist die
Schafzucht. 160 Millionen Schafe liefern fast ein Drittel des Weltbedarfs an
Wolle. Das Merinoschaf mit seiner hochwertigen Wolle ist mit 75 Prozent
am weitesten verbreitet. Schaf- und Rindfleisch werden ebenfalls in großen
Mengen exportiert.

Bodenschätze

Die wichtigsten Bodenschätze und Rohstoffe sind Kohle, die für den
Eigenbedarf abgebaut wird, sowie Erdöl und Erdgas, die 65 Prozent des
Eigenbedarfs decken. Somit ist Australien relativ unabhängig von internationalen Ölpreisschwankungen. Durch den weltweit steigenden Einsatz
von Kernenergie gewannen auch die Uranvorkommen in Australien an
Bedeutung. Außerdem werden Blei, Zink, Kupfer, Eisen, Bauxit und Mangan abgebaut, um nur einige der wichtigsten Rohstoffe zu nennen. Auch
wird nach Gold und Edelsteinen, vor allem nach Opalen, geschürft.

Industrie

Die vorhandenen Rohstoffe bestimmen die entsprechenden Industrien und
deren Standorte. Durch die reichlichen Eisenerzvorkommen ist vor allem

die Stahlindustrie von Bedeutung. Die Nahrungsmittelindustrie befindet sich in den landwirtschaftlich genutzten Gebieten.

Tourismus

Als eine der Zukunftsindustrien Australiens, die beschäftigungsintensiv ist und damit zur Senkung der Arbeitslosigkeit beitragen kann, gilt die Tourismusbranche. Hauptanziehungspunkte für den Fremdenverkehr sind neben Sydney das *Great Barrier Reef,* der *Ayers Rock (Uluru)* und das *Barossa Valley.*

Die Olgas, 36 km vom Uluru entfernt, sind ein beliebtes Reiseziel

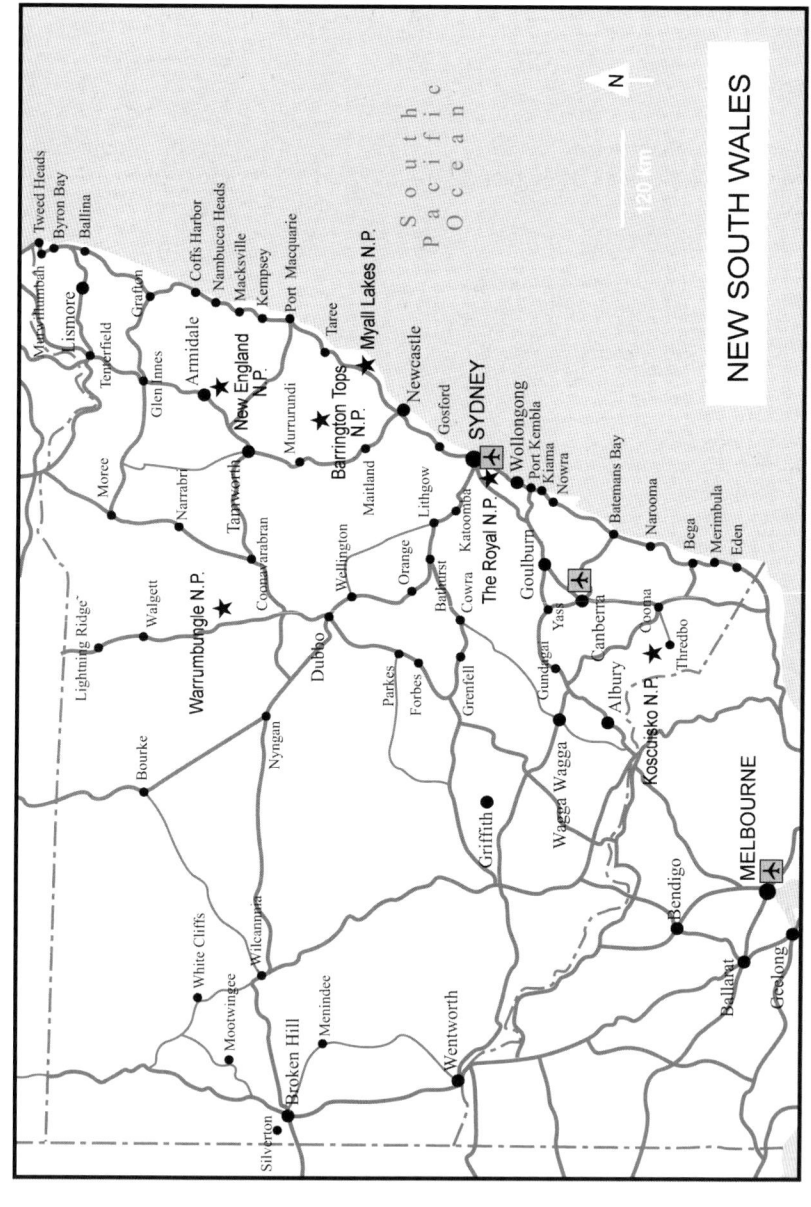

Bundesstaaten und Territorien

New South Wales

New South Wales (NSW) erstreckt sich über 801.428 qkm und ist damit gut dreimal so groß wie Deutschland. Rund ein Drittel der australischen Bevölkerung lebt in diesem Bundesstaat, 62 Prozent der Einwohner von New South Wales sind in der Region Sydney angesiedelt.

Hier begann vor über 200 Jahren die europäische Geschichte Australiens, als am 29. April 1770 der englische Weltumsegler James Cook in der *Botany Bay,* dem heutigen Flughafengelände von Sydney, vor Anker ging. Erst 1788 erklärte der damalige Gouverneur Phillip die Region vom North Cape zum South Cape zum Land New South Wales. Mehrere Teilungen folgten, und erst 1915, nachdem *Jervis Bay* dem Australian Capital Territory zugeschlagen worden war, hatte New South Wales die heutige Form und Größe.

New South Wales lässt sich in vier Regionen einteilen: die Küstenebene *(Coastal Lowlands),* schmal, aber fruchtbar, mit einer Breite von 80 km im Norden und 30 km im Süden und einer Küstenlänge von 1460 km; die *Tablelands* der *Great Dividing Range,* ein Bergplateau von 460 bis 1200 m Höhe, zu dem auch das Gebiet um die *Snowy Mountains* gehört*,* in dem sich die höchsten Berge Australiens erheben; die ebenfalls fruchtbaren *Western Slopes* der *Great Dividing Range* und die trockenen Ebenen des *Far West,* die zwei Drittel des Landes umfassen.

Klimatisch zeigt sich New South Wales uneinheitlich. Das Küstengebiet ist subtropisch gemäßigt bis tropisch mit hoher Luftfeuchtigkeit, je weiter man nach Norden kommt. An der Südküste überwiegt wechselhaftes Wetter mit häufigen Gewittern. Im Bergland der Great Dividing Range ist der Sommer warm und sonnig, der Winter kühl. Im Westen, vor allem Nordwesten, ist das Klima heiß und trocken, im Sommer klettern die Temperaturen oft auf über 40 °C.

In New South Wales hat sich eine bedeutende Eisen- und Stahlindustrie entwickelt. Die wichtigsten Standorte dieses Industriezweiges sind Newcastle, 160 km nördlich von Sydney, und das Gebiet um Wollongong und Port Kembla, südlich von Sydney. In Broken Hill gibt es riesige Silber-, Blei- und Erzvorkommen. Ein weiterer bedeutender Wirtschaftszweig ist die Landwirtschaft (Getreide, Schafe, Rinder, Wolle).

Innerhalb von New South Wales liegt das politisch selbstständige Australian Capital Territory mit der Hauptstadt Canberra (300 km westlich von Sydney).

Sydney (ca. 3,5 Mio. Einwohner)

Sydney ist die Wiege der europäischen Geschichte Australiens. Heute gilt die einwohnerreichste, hügelige Metropole, die eine bunte Vielfalt an Einwanderergruppen aufweist, als aufregendste Stadt des Fünften Kontinents. Die Skyline der Wolkenkratzer an dem verästelten Hafen mit dem unverwechselbaren Opernhaus verkündet etwas von der übermütigen Phantasie der dort lebenden Menschen. Während tagsüber die großzügigen Strände mit ihren stetig schäumenden Wellen zum Schwimmen und Surfen einladen, bieten abends und nachts unzählige Restaurants, Kneipen, Clubs und Theater ein vielfältiges Unterhaltungsangebot und ein internationales Kulturprogramm von weltstädtischem Rang.

Das *Sydney Opera House* ist Australiens eigentliche Visitenkarte. 1973 wurde die Oper nach 14-jähriger Bauzeit offiziell eingeweiht. Die zehn segelförmigen, blitzenden Dächer erheben sich über vier Veranstaltungshallen: der Konzerthalle mit der größten mechanischen Orgel der Welt, dem *Opera Theatre* für Ballett und Oper, dem *Drama Theatre* und dem Kinosaal.

Sydney Harbour Bridge: Am nördlichen Ende der Rocks erhebt sich die 1932 vollendete, mit mehr als einem Kilometer Länge immer noch zweitlängste einbogige Brücke der Welt (im Volksmund: *Coathanger),* von der sich schöne Ausblicke auf die Stadt bieten.

Unter dem Elefantenfuß der Hafenbrücke liegt Sydneys ältester Stadtteil, die *Rocks*. In der Pionierzeit wurden hier Lagerhäuser für Wolle und Weizen errichtet, die nach London oder Liverpool verschifft werden sollten. Heute verstecken sich hinter aufgemöbelten Sandsteinfassaden gemütliche Pubs, Souvenir- und Kunstgewerbeläden, Cafés und Jazzlokale.

Darling Harbour – westlich der Rocks befindet sich das zwei Milliarden teure Hafensanierungsprojekt, das pünktlich zur 200-Jahr-Feier 1988 eingeweiht wurde. Vom Zentrum lassen sich die modernen Repräsentationsbauten mit der Monorail-Magnetbahn leicht erreichen. Zu den Attraktionen zählen das Aquarium, das Seefahrtsmuseum, das *Australian National Maritime Museum,* die Einkaufspassage, *Market Place,* das *Sydney Exhibition Centre* und der *Chinese Garden,* der sich unmittelbar an Sydneys *Chinatown* anschließt.

Eine Fußgängerbrücke verbindet die Monorailstation *Haymarket* mit dem größten australischen Museum, dem *Powerhouse Museum*, das im ehemaligen Elektrizitätswerk untergebracht ist. Dort wird die industrielle Entwicklung des Landes von der Dampflokomotive bis zum Weltraumflug anschaulich. Das *Australian Museum* am Hydepark zeigt ergänzend die australische Flora und Fauna. Sydney besitzt eine Vielzahl schöner Strände, die sich nördlich (*Manly*) und südlich der Hafenmündung erstrecken. *Bondi Beach,* wohl der bekannteste, ist allerdings häufig überlaufen. Von seinem Südende führt ein schöner Spaziergang über *Tamarama Beach* nach *Bronte Beach.* Innerhalb der Hafenbucht ist *Nielsen Park (Shark Bay)* wohl der schönste stadtnahe Strand. Der Strand von *Balmoral* wird im Süden von Gras und Bäumen begrenzt. Kleinere Parks und Kinderspiel-plätze gibt es überall im Stadtbereich. Der längste Strand ohne Brandung ist an der *Botany Bay* (*Brighton-le-Sands* und *Dolls Point*).

Parks und Nationalparks: Viele Areale entlang der Küste sind als Parks in ihrem ursprünglichen Zustand belassen. Man kann, ohne sich weit vom Zentrum zu entfernen, einen guten Eindruck davon bekommen, wie es um Sydney aussah, als die ersten Europäer an Land gingen. Die großen Natio-nalparks an der Peripherie sind im Süden der *Royal National Park* und im Norden der *Ku-ring-gai Chase National Park.* Er führt über Brooklyn in den *Brisbane Waters National Park* weiter.

Sydney Opera House: 10 segelförmige Dächer überspannen 4 Veranstaltungshallen

Die Umgebung von Sydney
Blue Mountains

Das ausgedehnte bewaldete Bergland 65 km westlich von Sydney trägt seinen Namen nicht ohne Grund: An klaren Tagen, wenn die *Blue Mountains* auch von Sydney aus zu sehen sind, erscheinen sie in kräftigem Blau. Die Färbung entsteht durch Brechung der Lichtstrahlen in Milliarden winziger Dunstpartikel, die von den Blättern der Eukalyptusbäume verdampfen. Das Hochplateau, von Schluchten durchzogen, erhebt sich bis auf 1200 m bei einer Ausdehnung von 1600 qkm.

Bis ins Jahr 1813 hatte diese Felsbarriere mit ihren relativ dichten Wäldern einer Überwindung getrotzt. Dann gelang, nach einigen abgebrochenen Versuchen, William Charles Wentworth die Überquerung. Man entdeckte fruchtbares Weideland auf der anderen Seite, bald wurde jenseits des Gebirges auch Kohle gefunden.

Die Straße über die Blauen Berge war bis zum Bau einer Eisenbahnlinie die wichtigste Verbindung zwischen Sydney und dem Inland. Als 1851 in der Nähe von Bathurst auch noch Gold gefunden wurde, setzte eine wahre Völkerwanderung über die Blauen Berge ein.

Katoomba (ca. 9.000 Einwohner)

100 km westlich von Sydney erreicht man das touristische Zentrum der Blue Mountains. Von dort bietet sich eine phantastische Sicht entlang des *Cliff Drive* auf die 600 m tiefer gelegenen Täler. *Echo Point* ist der berühmte Aussichtspunkt auf die *Three Sisters,* eine einzigartige dreigeteilte Felsformation.

Everglade Gardens, ein öffentlicher Park, bietet Sandsteinterrassen, einen Felsensee und Wasserfälle. Eine im Jahr 1880 für eine Kohlengrube gebaute Bergbahn mit einem Neigungswinkel von 45 Grad führt zum Boden des *Jamieson Valley*.

Hawkesbury

Die Region um den *Hawkesbury River*, 45 km nördlich von Sydney, war für die frühen Siedler von größter Bedeutung. Das Land war sehr fruchtbar und lieferte Obst, Gemüse und Getreide. Heute wird hier vorwiegend Obst angebaut.

Die Wasserstraße heißt im Oberlauf *Nepean River*, da man während der etappenweisen Entdeckung der Gegend annahm, es handele sich um zwei verschiedene Flüsse. Vor allem der untere Teil, der *Hawkesbury,* ist wegen seiner parkartigen Uferzonen beliebt und gilt als eine der malerischsten australischen Flusslandschaften.

Windsor (ca. 14.000 Einwohner)
1794 gegründet, zählt das 55 km von Sydney entfernte Windsor zu den ältesten und schönsten Orten Australiens. Seine Entwicklung als Landwirtschaftszentrum wurde von Gouverneur Macquarie vorangetrieben. Windsor ist eine gelungene Stadtlandschaft und besitzt eine an norddeutsche Vorbilder erinnernde Backsteinkirche des Sträflingsarchitekten Francis Greenway.

Wollongong (ca. 235.000 Einwohner)
Rund 80 km südlich von Sydney liegt Wollongong – Zentrum der Stahlindustrie. Die Stadt erstreckt sich am Fuße eines Tafelgebirges, das bis *Bulli* dicht an der Küste verläuft und ziemlich steil zum Meer hin abfällt. In diese Steilküste wurden im 19. Jahrhundert die Stollen der Bergwerke getrieben. Eine enge, malerische Küstenstraße führt vom *Royal National Park* durch die verschiedenen Bergarbeiterdörfer nach *Tiroul*. Dort gibt es Strände und einen hübschen Fischereihafen.
Lohnend ist ein Besuch des *Botanical Garden*. Lange Sandstrände und ausgedehnte Spazierwege im nahen Buschland machen die Stadt zum Ausgangspunkt für Ausflüge.

Die südliche Ostküste
Kiama (ca. 11.000 Einwohner)
Von Kiama bis zur südlichen Grenze nach Victoria am Cape Howe zieht sich eine 400 km lange und relativ wenig besuchte Küstenlandschaft mit einigen schönen Nationalparks, wie dem *Murramarang National Park* nördlich von Batemans Bay oder dem *Ben Boyd National Park* um Eden.
Das *Blowhole* auf der Klippe neben dem Leuchtturm ist die Hauptattraktion von Kiama. Das Meer hat dort ein Loch in die zerklüftete Klippe gespült, wo, besonders bei Wind aus Südost, das Wasser in kräftigen Fontänen in die Höhe schießt.

Newcastle (ca. 415.000 Einwohner)
Die einst als Werft- und Kohle-Exporthafen wichtige Industriestadt, 178 km nördlich von Sydney, hat in den letzten Jahren an Bedeutung verloren. Gegründet wurde Newcastle Anfang des 19. Jahrhunderts, und zwar als Sträflingskolonie, in die besonders üble Verbrecher abgeschoben wurden.

Hunter Valley
Das Hunter Valley ist das Hauptanbaugebiet für Wein in New South Wales. Sogenannte *Vineries* laden hier tagsüber zum *wine tasting* ein. Ausgangs-

punkt für eine Weintour ist die *Hunter Valley Wine Society* in **Cessnock**, dem ca. 17.000 Einwohner großen Hauptort des Hunter Valley.

Die nördliche Ostküste und New England

Nördlich von Newcastle bis zur Grenze nach Queensland erstreckt sich eine schmale, sehr fruchtbare Ebene. Die *Nelson Bay* (ca. 50 km nördlich von Newcastle) gilt als die schönste Bucht Australiens. Hier schweift der Blick über eine durch Buchten und kleine Inseln gekennzeichnete Wasserlandschaft, die an die Karibik erinnert.

Das subtropische Klima der nördlichen Ostküste erlaubt den Anbau von fast allen Südfrüchten, besonders von Bananen (daher der Spitzname „Bananenrepublik"), aber auch von Zuckerrohr, Mais und Gemüse. Der einstige Bestand an Bäumen, etwa die wertvolle rote Zeder, ist weitgehend abgeholzt worden, um Platz für Milch- und Viehwirtschaft zu schaffen.

Port Macquarie (ca. 28.000 Einwohner)
Der bekannte Urlaubsort liegt 450 km von Sydney entfernt an der Mündung des Hasting River. Zur Hauptsaison im Januar wimmelt es hier nur so von Touristen.

Sehenswert sind das *Town Beach Observatorium* und die *St. Thomas-Kirche* (Church of England), deren Innenausstattung ganz aus rotem Zedernholz besteht. *Old Gaol* ist das alte Gefängnis. Erhalten sind auch zwei Cottages aus den frühen 20er Jahren des 19. Jahrhunderts. Das *Hastings Historical Museum* bietet Einblick in die Gründerzeit. Das *Comboyne Plateau* ist ein Naturschutzgebiet mit zahlreichen Wasserfällen, die alle in unberührtem Regenwald liegen. Die drei besten Sandstrände sind *Flynns Beach, Town Beach* und *Crescent Head Beach*.

Coff's Harbour (ca. 50.000 Einwohner)
J. Korff gründete den Ort – 600 km nördlich von Sydney – im Jahre 1847 als Hafen für die Produkte aus dem Hinterland. 1929 begann man mit dem Anbau von Bananen. Heute ist Coff's Harbour die Bananenmetropole Australiens.

Grafton (ca. 22.000 Einwohner)
Beeindruckend ist die Stadt mit ihren breiten Straßen, die von Jacarandabäumen und Bauhinias (Blüte November) gesäumt werden. In der Mitte des Clarence River liegt *Susan Island* – ein Erholungsgebiet, von Regenwald bedeckt und berühmt für seine Vogelwelt. Große Zuckerrohrplantagen und -raffinerien befinden sich in der Nähe der „Garden City".

Lismore (ca. 42.000 Einwohner)
Am Nordarm des *Richmond River* gelegen, ist Lismore die größte Stadt der
Nordküste von New South Wales, bekannt durch ihre zahlreichen und sehr
gepflegten Parkanlagen und für ihre florierende Landwirtschaft.
Das Historische Museum zeigt zahlreiche Exponate zur Kunst der Pionier-
zeit und der Aborigines.

Byron Bay (ca. 22.000 Einwohner)
Der östlichste Ort des australischen Kontinents hat sich aufgrund seiner
idealen Surfstrände um *Cape Byron* zu einem Mekka für junge Leute mit
einer Reihe von preiswerten Unterkünften und Cafés entwickelt.

Tweed Heads (ca. 45.000 Einwohner)
Tweed Heads, die nordöstlichste Stadt von New South Wales und *Coolan-
gatta,* bereits in Queensland, sind Schwesterstädte. Sie sind durch den
Tweed River getrennt und im Sommer durch die in New South Wales gel-
tende Sommerzeit eine Stunde voneinander entfernt.
Tweed Heads ist Fischereihafen und Ferienort. Als größte Attraktion gilt
das *Marineland Aquarium* mit Haien und Delfinvorführungen. Vom „Dach
der Gold Coast", in der Nähe von Bilimbil, hat man einen hervorragenden
Ausblick bis zum Meer und den McPherson Ranges, die einen Teil des
Border Ranges National Park bilden, mit ausgedehnten Regenwäldern,
Klippen und über 40 m hohen *Hoop Pines.*

Warrumbungle National Park
Gut 120 km südlich des Ortes Narrabri befindet sich der *Warrumbungle
National Park,* ein Naturschutzgebiet vulkanischen Ursprungs. Mit seinen
tiefen Schluchten und steil aufragenden Bergen lädt es zu Wanderungen
und Bergbesteigungen ein. Der *Crater Bluff* steigt fast senkrecht vom Tal-
boden über 350 m in die Höhe.
The Breadknife ist über 90 m hoch, oben allerdings nur 1,5 m breit. Neben
den bizarren Felsformationen ist der Park wegen seiner über 180 Vogelarten, seiner 17 verschiedenen Orchideensorten, seiner Koalas, Kängurus,
Ameisenbären und Opossums bekannt.

Golden West und Far West
Bathurst (ca. 31.000 Einwohner)
207 km westlich von Sydney, war Bathurst vor über 100 Jahren Zentrum
des australischen Goldfiebers. An die Goldgräberzeit erinnern das *Historical Museum,* das 1817 erbaute *Government House* und das *Bathurst Gold*

Diggers Museum, in dem man sich auch heute noch im Goldwaschen üben kann.

Gulgong (ca. 3000 Einwohner)
Die historischen Bauten von Gulgong dienten als Vorlage für die auf dem Zehn-Dollar-Schein abgebildete Fassade. Über 50 restaurierte Gebäude zeugen von dem Goldrausch, der im Jahr 1872 über 20.000 Menschen nach Gulgong führte. Das *Pioneer Museum* stellt Erinnerungsstücke aus der Goldrauschepoche aus, darunter Fotos von Holtermann (der den größten Goldklumpen Australiens fand und von seinem Vermögen die umfangreichste Fotosammlung der Goldgräberzeit erstellte).

Dubbo (ca. 33.000 Einwohner)
150 km westlich von Gulgong liegt das heutige wirtschaftliche Zentrum der Golden West-Region. Von der wilden Goldgräberzeit zeugen das *Historical Museum* und das alte Gefängnis *Old Dubbo Gaol.* Den *Western Plains Zoo* mit Tieren aus allen fünf Kontinenten findet man 4 km südlich von Dubbo. Dubbo ist der letzte größere Ausgangspunkt für Touren ins *Outback* des *Far West.*

Broken Hill (ca. 29.000 Einwohner)
Die Bergbaustadt liegt 1170 km westlich von Sydney und 500 km nordöstlich von Adelaide, im Herzen des *Outback,* an der Grenze zu South Australia.
Der deutsche Grenzreiter Charles Rasp fand 1883 einen Silberbrocken im Gebiet des heutigen Broken Hill. 1885 gründeten er und seine Mitstreiter die *Broken Hill Proprietary Company (BHP)* – heute der größte australische Bergbaukonzern.
Über die Geschichte der Stadt informiert das *Railway, Mineral* & *Train Museum.* In der *Delprat's Mine* kann man sich bei Führungen in die Bergbautechniken einweisen lassen.
Zwei typische Institutionen, die die Versorgung des *Outback* sicherstellen, sind die *Flying Doctors* und die *School of the Air.*

Australian Capital Territory / Canberra

Canberra, die künstliche Hauptstadt Australiens, war der Kompromiss nach einem zwanzig Jahre währenden Kampf zwischen Sydney und Melbourne um den endgültigen Sitz des seit 1901 bestehenden Commonwealth Parliament. In der Verfassung wurde verankert, dass die zukünftige

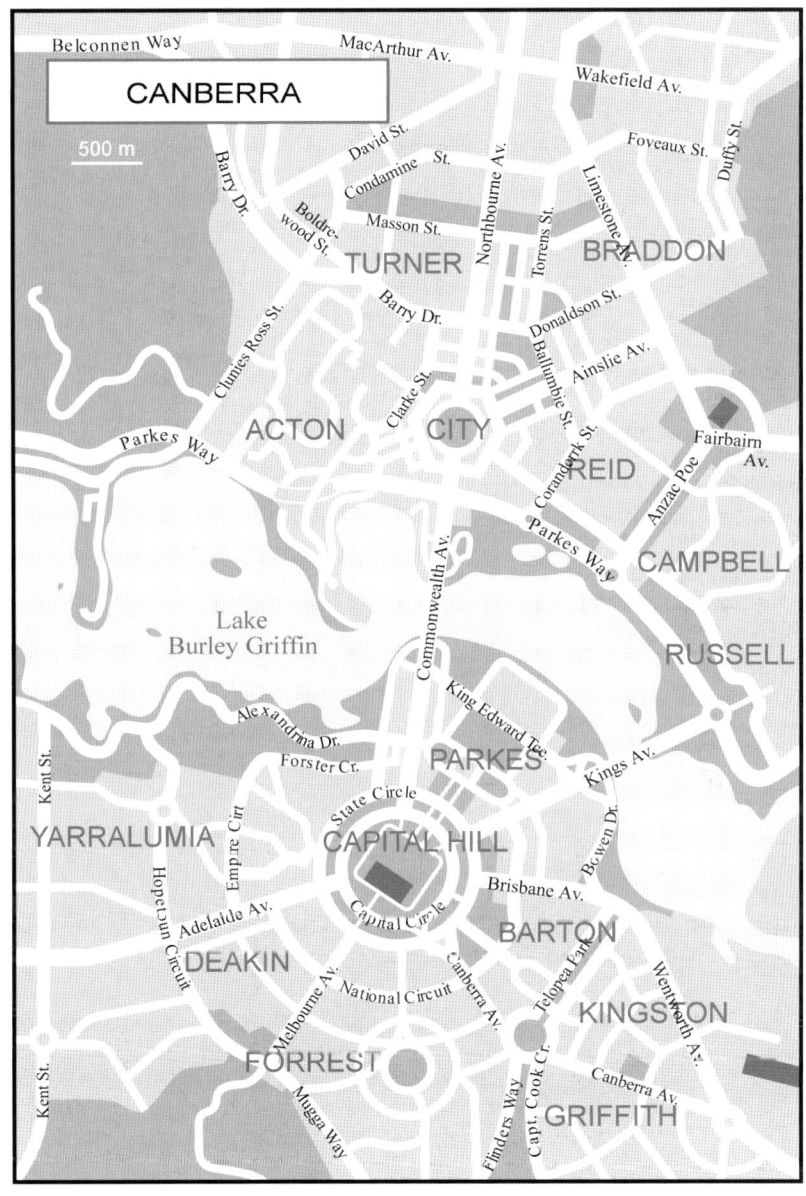

CANBERRA

500 m

Belconnen Way   MacArthur Av.   Wakefield Av.

David St.   Foveaux St.   Duffy St.

Condamine St.   Northbourne Av.   Limestone St.   Torrens St.

Barry Dr.   Boldre-wood St.   Masson St.

TURNER   BRADDON

Clunies Ross St.   Barry Dr.   Donaldson St.   Ballumbie St.   Ainslie Av.

ACTON   CITY   Clarke St.   Conandrik St.   REID   Fairbairn Av.

Parkes Way   Anzac Poe   CAMPBELL

Parkes Way   RUSSELL

Commonwealth Av.

Lake
Burley Griffin

Alexandrina Dr.   King Edward Tce.

Kent St.   Forster Cr.   PARKES   Kings Av.

State Circle   Bowen Dr.

YARRALUMIA   Empire Cirt   CAPITAL HILL   Brisbane Av.

Hopetoun Circuit   Adelaide Av.   Capital Circle   BARTON

DEAKIN   National Circuit   Canberra Av.   Telopea Park   KINGSTON

Melbourne Av.   Wentworth Av.

Kent St.   FORREST   Mugga Way   Flinders Way   Capt. Cook Cr.   Canberra Av.   GRIFFITH

Hauptstadt etwa auf halbem Weg zwischen den konkurrierenden Städten Melbourne und Sydney liegen sollte. 1908 wurde ein Gebiet bei Queanbeyan in New South Wales ausgewählt und zum *Australian Capital Territory* (ACT) erklärt.

Den international ausgeschriebenen Architektur-Wettbewerb um die Gestaltung der zukünftigen Hauptstadt gewann der amerikanische Architekt Walter Burley Griffin. Erst 1913 wurde der Name *Canberra,* der in einer der Aborigines-Sprachen „Versammlungsplatz" bedeutet, festgelegt. Der Erste Weltkrieg und die darauf folgende Wirtschaftskrise verzögerten jedoch die Bauarbeiten. 1927 konnte schließlich das neue Parlament bezogen werden, aber erst nach 1945 wurden mehr und mehr Bundesbehörden nach Canberra verlegt. Satellitenstädte entstanden um die neue Hauptstadt, mit soliden Häuschen in grüner Parklandschaft. Sie ließen die Einwohnerzahl von 50.000 im Jahre 1960 auf über 280.000 zum Jahrtausendwechsel ansteigen.

Zum ACT gehört auch der 74 qkm große Küstenstreifen *Jervis Bay* in New South Wales, der dem Gesetz von 1908 zufolge als Zugang zum Meer vorgeschrieben wurde. Jervis Bay wird heute überwiegend landwirtschaftlich genutzt.

Canberra gruppiert sich wohlgeordnet auf beiden Seiten des künstlichen Sees *Lake Burley Griffin*. Auf einer Anhöhe, dem *Capital Hill,* ragt der überdimensionale Fahnenmast des 1988 eingeweihten Parlamentsgebäudes *Parliament House* in den meist blauen Himmel.

Der *Lake Burley Griffin* wird vom *Captain Cook Fountain* beherrscht, dessen Wasser 140 m hoch schießt.

Der 825 m hohe *Black Mountain* gewährt – am besten vom Café im Fernsehturm aus – einen guten Blick über die Stadt und das Land ringsum. Im *Royal Australian Mint* kann man die Münzherstellung durch Panzerglas mitverfolgen.

Das *Australian War Memorial* mit Zeughaus ist 1941 als Gedenkstätte eröffnet worden. Die *Australian National Gallery* birgt eine umfangreiche Sammlung australischer und internationaler Gemälde und Skulpturen. Das 1988 eröffnete *National Science and Technology Centre* ist mit seinem praktischen Anschauungsmaterial für Kinder und Erwachsene gleichermaßen interessant.

110 km südlich von Canberra gelangt man über *Cooma* zu dem 7000 qkm großen Gebiet der **Snowy Mountains** mit den höchsten Bergen des Kontinents und dem größten Nationalpark, dem **Kosciusko National Park** (6297 qkm). Das einzigartige Wander- und Skigebiet ist im Winter sehr überlaufen.

Queensland

Queensland (QLD) ist Australiens zweitgrößter Bundesstaat; über drei Millionen Menschen leben auf einer Fläche von 1.728.000 qkm. Charakteristisch ist die üppige Vegetation, die das subtropische/tropische Klima begünstigt hat und die den eigentlichen Reiz von Queensland ausmacht. Die weithin unberührte Natur lässt diesen „Sunshine State" von April bis Oktober zu einem Dorado für Urlauber werden. Die über 5200 km lange Küste dieses Bundesstaates mit ihren endlosen Sandstränden und dem vorgelagerten 2000 km langen *Great Barrier Reef* bürgt für einzigartige Bade- und Tauchfreuden.

Obwohl bereits ein beachtlicher Prozentsatz der arbeitenden Bevölkerung von Queensland im Dienste der Tourismusindustrie steht, sind die reichlich vorhandenen Bodenschätze (wie Kohle, Uran, Zink, Kupfer und Blei) nach wie vor die wichtigste Einnahmequelle des Bundesstaates, gefolgt von der Viehzucht und der Zuckergewinnung.

Brisbane (ca. 1,8 Mio. Einwohner)

Die Hauptstadt von Queensland, 1825 gegründet, präsentiert sich als moderne Metropole, jedoch ohne die Hektik von Sydney oder Melbourne. Am Wochenende zieht es die Bevölkerung in die Ausflugsziele der Umgebung.

Mitten durch die Stadt schlängelt sich der *Brisbane River* und mündet in der 17 km entfernten *Moreton Bay* in den Pazifischen Ozean.

Queensland Performing Arts Complex: Das 1988 fertig gestellte Kulturzentrum umfasst die *Art Gallery,* die *State Library,* die *Concert Hall,* das *Lyrik Theatre,* das *Cremorne Theatre* und das Museum. Neben den laufenden Ausstellungen sieht man hier eine ständige Sammlung australischer und internationaler Künstler.

Newstead House: An der Breakfast Road liegt Brisbanes ältestes Haus, das heute ein Museum beherbergt.

Early Street Village: 6 km von der City entfernt, erreicht man dieses historische Dort mit restaurierten Queensland-Häusern.

Der 280 m hohe Berg *Mount Coot-tha*, 8 km südwestlich der City, bietet einen schönen Ausblick auf die Stadt. An seinem Fuße befindet sich einer der beiden *Botanic Gardens* der Stadt mit einem phantastischen Tropenhaus.

Das *Lone Pine Sanctuary* (Jesmond Road, Fig Tree Pocket) ist das älteste Tierschutzgehege Australiens (eröffnet 1927). Mit den Koalas kann man sich fotografieren lassen, die Wallabies und Kängurus darf man füttern.

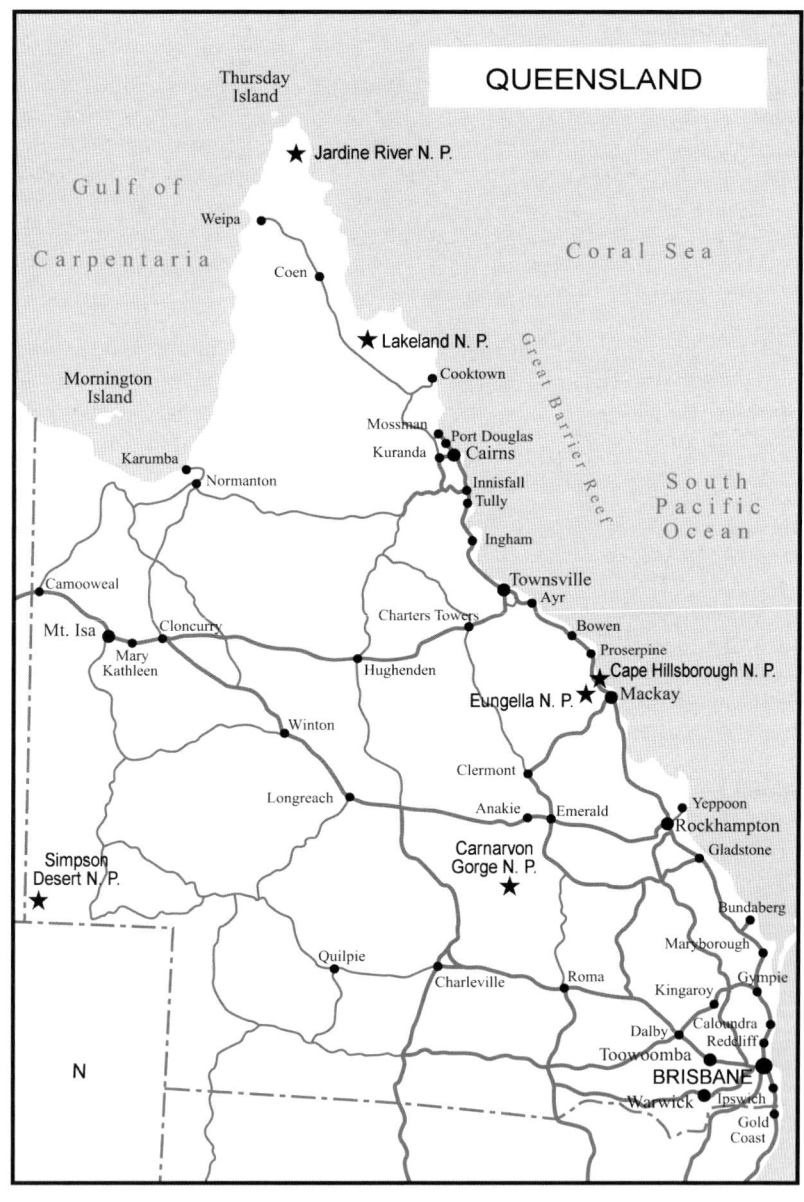

QUEENSLAND

Thursday
Island

★ Jardine River N. P.

Gulf of

Weipa

Carpentaria

Coen

Coral Sea

★ Lakeland N. P.

Mornington
Island

Cooktown

Great Barrier Reef

Mossman
Port Douglas
Kuranda Cairns

Karumba
Normanton

Innisfall
Tully

South
Pacific
Ocean

Ingham

Camooweal

Townsville
Ayr

Mt. Isa Cloncurry

Charters Towers

Bowen

Mary
Kathleen

Hughenden

Proserpine
Cape Hillsborough N. P.

Eungella N. P. ★ Mackay

Winton

Clermont

Longreach

Anakie Emerald

Yeppoon
Rockhampton

Simpson
Desert N. P.
★

Carnarvon
Gorge N. P.
★

Gladstone

Bundaberg

Quilpie

Maryborough

Charleville

Roma

Kingaroy

Gympie

Dalby

Caloundra
Reddiff

Toowoomba

BRISBANE

N

Warwick Ipswich

Gold
Coast

Die Umgebung von Brisbane
Moreton Bay Islands

Angeblich sollen in dieser Bucht, wo der Brisbane River in den Pazifik mündet, 365 Inseln zu finden sein. Doch wirklich erwähnenswert sind nur vier: Während *North Stradbroke* relativ gut erschlossen ist, haben *Moreton Island* und *Bribie Island* nur wenige ständige Bewohner, *South Stradbroke* gar keine. Alle vier Inseln sind aber beliebte Wochenendziele und können von Brisbane aus regelmäßig mit Bussen, Booten und Flugzeugen (Moreton Island) erreicht werden.

Gold Coast

Von *Coolangatta* an der Nordgrenze von New South Wales bis nach *Southport* reihen sich lückenlos 18 Kommunen aneinander. Sie bilden zusammen die *City of the Gold Coast,* die 35 meistkommerzialisierten Touristik-Kilometer Australiens. Millionen Sonnenhungrige aus aller Welt bräunen sich hier zwölf Monate im Jahr, flitzen auf Surfbrettern durch meterhohe Wellen und tanzen bis in die frühen Morgenstunden in neonerleuchteten Diskotheken. Im Mittelpunkt des bunten Treibens steht **Surfers Paradise**, jene Wolkenkratzer-Hochburg, die jeder passionierte Wellenreiter alleine wegen ihres Namens einmal im Leben gesehen haben muss.
Nicht die klingelnden Kassen der Reiseveranstalter und Hoteliers, sondern die breiten, goldbraunen Sandstrände waren es, die diesem Küstenabschnitt seinen Namen gaben. Große Vergnügungsparks, Hochhäuser wie in Miami und Touristen-Attraktionen jeder Art prägen die Gold Coast. Im Hinterland erhebt sich die grüne Bergwelt der *McPherson Range*.

Sunshine Coast

Diesen vielversprechenden Namen trägt ein rund 60 km langer Küstenstreifen nördlich von Brisbane. Die Surfmöglichkeiten an den Stränden zwischen *Bribie Island* und *Noosa Heads* sind mindestens ebenso gut wie an der benachbarten *Gold Coast,* doch geht es an der *Sunshine Coast* wesentlich ruhiger zu. Die Hauptstraße, der *Bruce Highway,* hält sich in respektvollem Abstand zu den zahlreichen kleinen Küstenstädten, die noch weitgehend ihren eigenständigen Charakter bewahrt haben. Was an Vergnügungsparks fehlt, machen die Naturschönheiten hier mühelos wett.

Maroochydore (ca. 21.000 Einwohner)

Zusammen mit Mooloolaba und Alexandra Headland bildet der bei Anglern besonders beliebte Ort Maroochydore am *Maroochy River* das Zentrum der *Sunshine Coast.* Hier beginnt eine lange Kette von Sandstränden, die erst bei *Noosa Heads* kurz unterbrochen wird. Wer nicht gerade an dem berühmten *Sunshine Beach* in der Sonne liegen möchte, findet auch einsame Buchten ganz in der Nähe.

Nambur (ca. 23.000 Einwohner)
Mit Zuckerrohr beladene Zwergeisenbahnen kreuzen hier zur Erntezeit die Hauptstraße und lassen erkennen, wovon der kleine Ort lebt. Aber auch tropische Früchte gedeihen in dieser Gegend prächtig.

Noosa Heads (ca. 18.000 Einwohner)
Das Städtchen bildet den Abschluss der *Sunshine Coast*. Es gilt als ideales Ziel für Winterurlauber, da hier die kühlen Südwinde durch einen bergigen Vorsprung abgefangen werden. Die Umgebung von Noosa bietet viele Ausflugsmöglichkeiten ins Hinterland, etwa mit dem Boot in den *Cooloola National Park,* der einzigen direkten Verbindung mit der Küste im Norden, oder in den *Noosa National Park*.
Von Noosa lohnt sich besonders ein Ausflug (mit einem vierradangetriebenen Fahrzeug) nach *Double Island Point*. 200 m hohe farbige Sandstein-

Ein Besuch der Wolkenkratzerhochburg Surfers Paradise ist ein Muss für Surfer

klippen machen die 50 km lange Fahrt zum unvergesslichen Erlebnis. Von *Double Island Point* sind es nur noch wenige Kilometer bis zum *Rainbow Beach,* wo die Fähren zum *Fraser Island* ablegen, der größten Sandinsel der Welt, 120 km lang und 15 km breit.

Fraser Island

Wie die gebogenen Finger einer Hand legt sich die Insel um die *Hervey Bay*. *Fraser Island* ist ein Ferienparadies mit glasklaren, türkisblauen Süßwasserseen und besteht zu über 99 Prozent aus Sand. Ein großer Teil ist mit Regenwald bewachsen. Die wenigen Felserhebungen, vor allem der *Waddy Rock,* der *Middle Rock* und der *Indian Head* an der Ostküste, bieten einen schönen Rundblick über die Insel und *Hervey Bay*.

Great Barrier Reef

Seine Beliebtheit verdankt Queensland nicht zuletzt diesem einmaligen Riff, das sich über 2000 km an der Nordostküste Australiens, etwa von Gladstone bis nach Papua-Neuguinea, entlang zieht. Während das Riff im Süden noch 400 km vom Festland entfernt liegt, nähert es sich im Norden bis auf 25 km der Küste. Probebohrungen haben ergeben, dass die Korallenbänke an manchen Stellen bis 500 m tief reichen. Aus der Tatsache, dass Korallen sehr viel Licht brauchen und daher nur in geringer Tiefe wachsen, kann man schließen, dass entweder der Wasserspiegel im Lauf der Jahrzehntausende wesentlich gestiegen oder der Meeresboden allmählich abgesunken ist. Die Koralleninseln (*cays*) sind die verwitterten Überreste von Korallenbänken, die bei wesentlich höherem Wasserspiegel einst knapp unter der Oberfläche lagen.

An seiner breitesten Stelle misst das *Great Barrier Reef* 80 km. Seine gewaltigen Ausmaße machen es nicht nur zum ausgedehntesten Korallenriff der Erde, sondern auch zur größten von Lebewesen geschaffenen Struktur, die an Volumen alles übersteigt, was der Mensch im Laufe seiner Geschichte je an Bauwerken errichtet hat.

Die bunten, bizarren Korallenformationen des *Great Barrier Reef* sind das Werk von rund 300 verschiedenen Polypenarten – von Lebewesen, die zwar dem Tierreich zugerechnet werden, sich aber nicht von ihrem Standort fortbewegen. Manche wachsen wie Sträucher aus einem ursprünglichen Stamm in immer neuen Verästelungen weiter. In seinem Inneren bildet jeder dieser Polypen ein einfaches Skelett, das nach seinem Absterben stehen bleibt. An ihm setzen sich die Skelette der nächsten Generation fest, und so bilden sich immer weitere Verästelungen. Seit 1975 steht das *gesamte Great Barrier Reef* unter Naturschutz.

Von den Küstenorten auf dem Festland und auch von den Inseln werden eine Vielzahl von Tauch- und Schnorchelexpeditionen zum Riff angeboten.

Inseln des Great Barrier Reef
Insgesamt verteilen sich rund 700 Inseln entlang des Riffs. Die meisten von ihnen sind unbewohnbar und für Besucher nicht zugänglich. Viele der Eilande sind als *National Parks* geschützt.
Einige wenige (ca. 30) jedoch hat man als sogenannte *Holiday Resorts* für den Tourismus erschlossen. Manche tragen so klangvolle Namen wie *Daydream Island, Magnetic Island* oder *Orpheus Island*. Die oftmals recht hohen Preise beinhalten neben der Unterkunft auch Vollverpflegung und Unterhaltungsmöglichkeiten. Man kann auch einen Tagesausflug mit den regelmäßig verkehrenden Fähren auf die Inseln machen.

Central Coast
Bundaberg (ca. 55.000 Einwohner)
Was liegt näher, als im Zentrum der Zuckerproduktion Rum zu destillieren? Der Bundaberg-Rum hat die Stadt australienweit bekannt gemacht. Abgesehen von der Fabrik und den umliegenden Zuckermühlen, lohnt sich auch ein Besuch der vielen Museen.
Die Strände außerhalb der Stadt (10 bis 20 km) sind nicht nur ausgezeichnet zum Baden geeignet, sondern bieten zwischen Oktober und März auch ein besonderes Naturschauspiel: Nachts, vorzugsweise bei Flut, vergraben Hunderte von Schildkröten ihre Eier am Strand von *Mon Repos Beach.*

Rockhampton (ca. 63.000 Einwohner)
Rockhampton, an der Mündung des *Fitzroy River* gelegen, versteht sich als das Zentrum der Viehzucht. Aus der Pionierzeit sind in der Stadt einige sehenswerte alte Häuser erhalten geblieben, die schönsten stehen in der *Quay Street*. Die *Botanic Gardens* an der Spencer Street lohnen ebenfalls einen Besuch. Es heißt, der bereits 1869 angelegte tropische Garten sei der schönste in Australien.

Mackay (ca. 68.000 Einwohner)
In Australiens Zucker-Metropole wird rund ein Drittel der gesamten Zuckerrohr-Ernte verarbeitet. Die reizvolle Stadt mit ihren palmengesäumten Straßen verfügt über einen eindrucksvollen Hafen, in dem neben Zucker auch ein Großteil der australischen Kohle in alle Welt verschifft wird.
Vom *Mount Basset* und vom *Rotary Lookout* auf dem *Mount Oskar* bietet sich ein guter Ausblick über den Hafen. Die riesigen Zucker-Verlade-

Terminals können besichtigt werden. Die Kohleminen in *Blackwater,*
Goonyella oder *Peak Downs* liegen 200 km entfernt.

North Queensland
Townsville (ca. 130.000 Einwohner)
1864 von Kapitän Robert Towns als Verladehafen für die Erzeugnisse der
Farmer (wachsende Viehzucht des Hinterlandes) gegründet, hat sich
Townsville inzwischen zur drittgrößten Stadt Queenslands sowie zu einem
wichtigen Verwaltungs- und Wirtschaftszentrum entwickelt. Die Univer-
sitätsstadt versteht sich als „Tor zum Barrier Reef".
Das 1987 eröffnete *Great Barrier Reef Wonderland*, ein großes Aquarium
mit vielen exotischen Fischen, und ein Spielkasino sollen den Touristen-
strom sichern.
Einen herrlich weiten Blick über Townsville und die vorgelagerte Felsenin-
sel *Magnetic Island* hat man vom 290 m hohen *Castle Hill* im Westen der
Stadt. Die Innenstadt zieht sich am *Ross Creek* entlang; in der *Flinders*
Street, die zum Teil Fußgängerzone ist, sind noch einige schöne Häuser
aus der viktorianischen Epoche erhalten.

Far North Queensland
Knapp 400 km trennen Townsville von Cairns, dem Ausgangsort für Far
North Queensland. Die 174.000 qkm große *Cape York Peninsula* ist unerschlossen geblieben. Hier befinden sich einige der größten Nationalparks
von Queensland *(Lakefield Staten River, Archer Bend* und *Jardine River*
National Park) sowie einige Aborigine-Reservate. Nördlichster Festlands-
punkt ist *Cape York*.
Zwischen Cape York und Papua-Neuguinea liegt die 150 km breite Meerenge *Torres Strait* mit vielen Inseln, von denen *Thursday Island* die größte
ist.

Cairns (ca. 68.000 Einwohner)
Die tropische Stadt im Norden von Queensland, 1800 km von Brisbane
entfernt, hat sich zu einem Zentrum des internationalen Tourismus entwickelt.
In der City erinnert die *Esplanade* mit ihren zahlreichen Restaurants und
palmenbeschatteten Cafés an europäische Strandpromenaden. Cairns ist
ein idealer Ausgangsort für Ausflüge in die Regenwälder und zu den einsamen Stränden der *Cape York Peninsula,* für Exkursionen zum *Great Bar-*
rier Reef und dessen Inseln oder zu den kühleren Orten der *Atherton Table-*
lands.

Port Douglas (ca. 3000 Einwohner)
Dieser romantische Ort, 40 km nördlich von Cairns, veränderte 1987 plötzlich seinen Charakter, als ein Luxushotel eröffnet wurde. Längst ist es der Tourismus, der das wirtschaftliche Überleben der ehemaligen Goldgräbersiedlung sichert.
Von Port Douglas aus werden Tauch- und Schnorchel-Ausflüge zum Riff, zu der vorgelagerten *Low Island* und Fahrten oder Wanderungen durch den Regenwald arrangiert.

Mount Isa (ca. 35.000 Einwohner)
Südlich des *Gulf of Carpentaria* erstreckt sich das weite, dünnbesiedelte, karge *Outback* von Queensland. Wirtschaftliches Zentrum ist die Bergbaustadt Mount Isa. Auch wenn der Ort sehr abseits liegt, mangelt es nicht an den nötigen öffentlichen Einrichtungen (z. B. Krankenhaus, Flughafen) und Freizeitangeboten (z. B. Schwimmbad).

Northern Territory

Das Northern Territory (NT) umschließt eine Fläche von l.346.000 qkm. Mit etwa 155.000 Einwohnern weist es die geringste Bevölkerungsdichte aller Territorien und Bundesländer auf. Ungefähr 35.000 der Bewohner sind Aborigines, denen durch die *Land-Rights*-Gesetzgebung rund 33 Prozent des Landes zurückgegeben wurden, welches sie in Reservaten bewohnen. 80 Prozent der Landesfläche liegt in den Tropen, doch ist der überwiegende Teil durch eine Wüsten- und Steppenlandschaft gekennzeichnet. Die Küstenlinie erstreckt sich über 6200 km und besteht meist aus Mangrovensümpfen und Flachland, das sich höchstens 450 m erhebt. Dieses Plateau wird im Landesinneren durch die bis zu 1200 m hohen *MacDonnell Ranges* unterbrochen. *Ayers Rock (Uluru)*, der berühmte Monolith, ragt 348 m in die Höhe.
Im Norden unterscheidet man infolge der Monsunregen zwei Jahreszeiten, „The Wet" (November bis April) und „The Dry" (Mai bis Oktober). Während der Regenzeit können im Norden tropische Wirbelstürme auftreten. Besonders angenehm ist das Klima hier folglich zwischen Mai und Oktober, in der Trockenzeit. Die Temperaturen schwanken dann zwischen 25 und 30 Grad. Im Süden des Territoriums ist das Klima kontinental und trocken. Die Temperaturunterschiede, sowohl zwischen Tag und Nacht, als auch zwischen Sommer und Winter, sind extrem.
Das Northern Territory hat in wirtschaftlicher Hinsicht längst seinen Ruf als „Entwicklungsland" Australiens verloren. Es besitzt einen überpro-

portionalen Anteil an wichtigen Bodenschätzen, und der Bergbau ist der bedeutendste und älteste Wirtschaftszweig. Neben dem Tourismus und der Fischerei stellt die Landwirtschaft eine wichtige Einkommensquelle dar. Sie konzentriert sich vornehmlich auf die Rinderzucht. Mehr als die Hälfte der Fläche des Territoriums wird von den etwa 400 Rinderfarmen eingenommen, die zum Teil unvorstellbar groß sind.

Darwin (ca. 73.000 Einwohner)

Bei der Namensgebung für die Hauptstadt des Northern Territory stand der britische Naturforscher Charles Darwin Pate. Obwohl sie bereits 1867 gegründet wurde, findet man kaum Gebäude älteren Datums. Nachdem nämlich 1942 japanische Bomben und in den Folgejahren wiederholt Wirbelstürme Teile der Stadt zerstört hatten, machte am Weihnachtsmorgen 1974 der Wirbelsturm *Tracy* Darwin dann völlig dem Erdboden gleich. Inzwischen hat sich die Stadt zum modernen kosmopolitischen Zentrum des *Top End* entwickelt und nimmt eine wichtige Rolle als Industrie- und Hafenstadt ein.

Darwins Sehenswürdigkeiten nehmen sich verglichen mit denen anderer Großstädte recht bescheiden aus.

An einer Ecke zur Esplanade steht das *Admiralty House*, in dem sich jetzt eine Kunstgewerbegalerie befindet.

Wer exotische Fische nicht nur im Aquarium sehen möchte, kann täglich bei Flut in der Bucht *Doctor's Gully* beim Füttern zusehen. Selbst größere Fische haben sich daran gewöhnt, von den Besuchern mit trockenem Brot gefüttert zu werden.

Palmerstone Gardens, 1891 mit großem Aufwand angelegt, verlor beim Wirbelsturm 1974 fast seinen gesamten alten Baumbestand. Das günstige Klima hat jedoch zur schnellen Regeneration beigetragen. Heute ist der Botanische Garten wieder sehenswert.

Das *Northern Territory Museum of Arts and Sciences* zeigt kleine, aber ausgezeichnete Sammlungen von Kunst- und Kulturgegenständen aus Australien, Südostasien und Ozeanien. Sein Restaurant ist der richtige Platz, um in der Abendsonne zu sitzen und über das Meer zu blicken.

Im Norden, am Ende der Fanny Bay, liegt *East Point*, ein Park mit Picknickmöglichkeiten.

Der Norden
Kakadu National Park

Der 17.600 qkm große Nationalpark ist eines der größten Naturschutzgebiete Australiens. Hier leben im Westteil, in den feuchten Niederungen des

Wildman River, Wasserbüffel, die 1835 aus Asien importiert wurden. Der östliche Teil des Parks, zwischen *South* und *East Alligator River*, ist Flachland, das südlich des Arnhem Highway in zerklüftete Klippen übergeht. Unter den Steinüberhängen zeugen eindrucksvolle Felsmalereien der Aborigines von einer mindestens 20.000 Jahre alten Kultur. Unzählige Generationen haben diese Malereien in rituellen Zeremonien immer wieder nachgezeichnet und erweitert, daher sind sie bis heute gut erhalten geblieben. Im Park gibt es weit über 1000 Pflanzen-, 240 Vogel-, 75 Reptilienarten und 50 Arten einheimischer Säugetiere. Fast ein Viertel aller in Australien vorkommenden Süßwasserfische trifft man im Kakadu National Park an.

Das einzige gefährliche Tier in diesem Paradies ist das bis zu 5 m lange Salzwasserkrokodil, im 19. Jahrhundert irrtümlich als Alligator bezeichnet. Das Süßwasserkrokodil, welches lediglich eine Länge von 2 m erreicht und für den Menschen ungefährlich ist, lebt ebenfalls im Kakadu National Park. Beide Arten lassen sich bei Fahrten auf dem *South Alligator River* beobachten.

Die Ströme der Flussniederungen sind *Tidal Rivers*, das heißt, sie fließen während der Flut stromaufwärts und führen deshalb Salzwasser mit sich.

Arnhem Land und Gove Peninsula

Das gesamte Gebiet des Arnhem Land steht unter der Verwaltung der dort seit Jahrtausenden lebenden Aborigines. Das Reservat ist nur mit einer Sondergenehmigung zu besuchen. Einzige Ausnahme bildet die Halbinsel *Gove Peninsula* mit der im Zuge des Bauxitabbaus künstlich geschaffenen Stadt *Nhulunbuy*.

Bathurst Island / Melville Island

Abgesehen von Tasmania sind diese beiden Inseln mit zusammen etwa 8000 qkm Fläche die größten Australiens. 80 km nördlich von Darwin gelegen, sind Bathurst und Melville Island die Heimat der *Tiwis* („wir Menschen").

Nahezu unberührt von den Einflüssen westlicher Zivilisation, leben auf den Inseln ca. 2500 Tiwis in selbstverwalteten Gemeinden. Die größte Ansiedlung auf Bathurst Island heißt *Nguiu*.

Die Kunst der Tiwis ist eigenständig und unterscheidet sich grundsätzlich in ihrer rein abstrakten Ausdrucksweise von der der Festland-Aborigines.

Never-Never

Das 1500 km lange, dünn besiedelte Gebiet zwischen Darwin und Alice Springs zieht sich am *Stuart Highway* entlang. Es erhielt seinen Namen durch den Roman von Aeneas Gunn: „We of the Never Never". Die *Never-Never Tablelands* bieten faszinierende Naturschönheiten.

Katherine (ca. 10.000 Einwohner)
Neben Tennant Creek ist dies die einzige größere Siedlung auf den 1500 Kilometern zwischen Darwin und Alice Springs. 32 km westlich liegt die *Katherine Gorge*, eine kilometerlange Schlucht des *Katherine River*, der sich hier an bis zu 60 m hohen Felsklippen vorbeischlängelt. In dem Nationalpark bieten sich eine Reihe von Wanderungen zu Aussichtspunkten über die Schlucht und zu Felsmalereien der Aborigines an. Auf dem *Katherine River* sind Bootstouren möglich, bei denen die ungefährlichen *Johnston's Crocodiles* zu beobachten sind.

Tennant Creek (ca. 4000 Einwohner)
Gut 500 km nördlich von Alice Springs erreicht man die staubige Bergbaustadt. Die *Noble's Nob Mine*, die größte Gold-Tagebau-Mine der Welt, ist für Besucher offen.
100 km weiter südlich liegen die seltsamen Steinformationen der *Devil's Marbles*. Sie sehen aus, als hätte ein Riese mit ziegelfarbenen Murmeln gespielt und sie dort liegen lassen. Nach der Mythologie der Aborigines hat hier die Regenbogenschlange ihre Eier gelegt.

Der Süden
Alice Springs (ca. 23.000 Einwohner)
„The Alice", wie sie gerne von den Einheimischen genannt wird, ist eine moderne Stadt, in der nicht mehr viele Spuren der Vergangenheit zu finden sind. Im Jahre 1871 erreichten Kamelkarawanen mit ihren afghanischen Treibern das heiße Zentrum Australiens und schlugen an dem von *William Mills* entdeckten Wasserloch ein Lager auf. Der Fluss wurde nach dem Direktor des Telegrafenamtes in Adelaide *Todd River* und die Quelle nach seiner Frau *Alice Springs* genannt.
Die *Telegrafen-Relaisstation*, 2 km nördlich von Alice Springs, wurde nach alten Plänen und Zeichnungen restauriert. Man erhält einen guten Eindruck von der Lebensweise gegen Ende des 19. Jahrhunderts, als Proviant nur einmal im Jahr und die Post nur alle zwei Monate angeliefert wurden. Hinter der *Memorial Church* ist ein Museum mit der Geschichte der Inlandsmission und des *Royal Flying Doctor Service.* Ebenfalls als Museum dient das *Adelaide House*, das ehemalige Hospital. Die *Radio School of the Air* ist ein Radiosender, über den Schulkinder, Hunderte von Kilometern entfernt, unterrichtet werden.

Etwas westlich, vom *Anzac Hill* aus, hat man einen faszinierenden Blick über die Stadt.
In der Todd Street, der Hauptgeschäftsstraße, sind noch einige alte Gebäude erhalten.

Kings Canyon
323 km südwestlich von Alice Springs liegt eine der größten Sandsteinformationen im Zentrum von Australien, deren bizarre Felsen bis zu 213 m hoch aus dem Boden ragen und, je nach Tageszeit, in unterschiedlichen Farben leuchten.

Ayers Rock (Uluru)
450 km südwestlich von Alice Springs erhebt sich majestätisch aus der flachen Wüstenlandschaft der Ayers Rock *(Uluru)*, eine der Hauptattraktionen Australiens. Das Alter des 348 m hohen Sandsteinmonolithen mit einem Umfang von 8 km wird auf 600 Millionen Jahre geschätzt. Für die dort seit Zehntausenden von Jahren lebenden Aborigines, die *Pitjantjatjara*, bedeutet der Berg eine feste Verwurzelung mit ihrem Ursprungsmythos *(Dream-*

Majestätisch erhebt sich der Uluru aus der flachen Wüstenlandschaft

time), und viele der Höhlen und Felsspalten sind heilige Stätten, die nur von bestimmten Menschen zu festgesetzten Zeiten betreten werden dürfen.

Den Ayers Rock zu besteigen ist kein Spaziergang, eher eine anstrengende Bergtour, für die man entsprechend ausgerüstet sein muss.

Olgas

Die *Olgas* heißen in der Sprache der Aborigines *Katatjuta* oder „viele Köpfe" und sind von anderer geologischer Beschaffenheit als der 36 km entfernte Ayers Rock: Sie bestehen aus einer Anzahl von Kuppen aus Konglomerat, die durch mehr oder weniger enge Schluchten voneinander getrennt sind.

Die höchste Erhebung, der *Mount Olga*, überragt den Ayers Rock noch um fast 200 m. Der *Katatjuta Lookout* ermöglicht einen weiten Blick über das umliegende Land.

Victoria

Victoria (VIC) umfasst 227.600 qkm und ist, was seine Größe betrifft, mit England zu vergleichen. Es hat die zweithöchste Einwohnerzahl (über 4 Mio.) aller australischen Bundesstaaten. 70 Prozent der Bevölkerung leben im Großraum Melbourne.

Die ersten Europäer ließen sich 1834 unter Edward Henty in Portland im Westen Victorias nieder. Unter John Batman und John Pascoe Fawkner besiedelten sie 1835 die Küste des *Yarra River* im Gebiet des heutigen Melbourne. Man sah sich an der Yarra als eine Gemeinde von freien und ehrenwerten Siedlern (im Gegensatz zu Sydney) und begann auf Unabhängigkeit von der Kolonie New South Wales zu drängen. 1851 gewährte London dem neuen Gemeinwesen mit dem Namen „Victoria" Selbständigkeit. Schon kurze Zeit später führten Goldfunde in der Nähe von Ballarat zu einem solchen Ansturm, dass sich die Bevölkerungszahl Victorias verdoppelte.

Im östlichen Hochland, den Schneealpen, steigen einige Gipfel bis nahe an die Zweitausendergrenze an, während sich im Nordwesten das Flachland mit seinen riesigen Weizenfarmen ausdehnt.

Landwirtschaft und Industrie sind gut entwickelt, besonders die Petrochemie- und die Automobilindustrie sind stark vertreten. Braunkohle wird schon seit dem 19. Jahrhundert im Tagebau abgetragen. In der *Bass Strait*, zwischen Victoria und Tasmania, werden mehr als 60 Prozent des australischen Eigenbedarfs an Erdöl gewonnen.

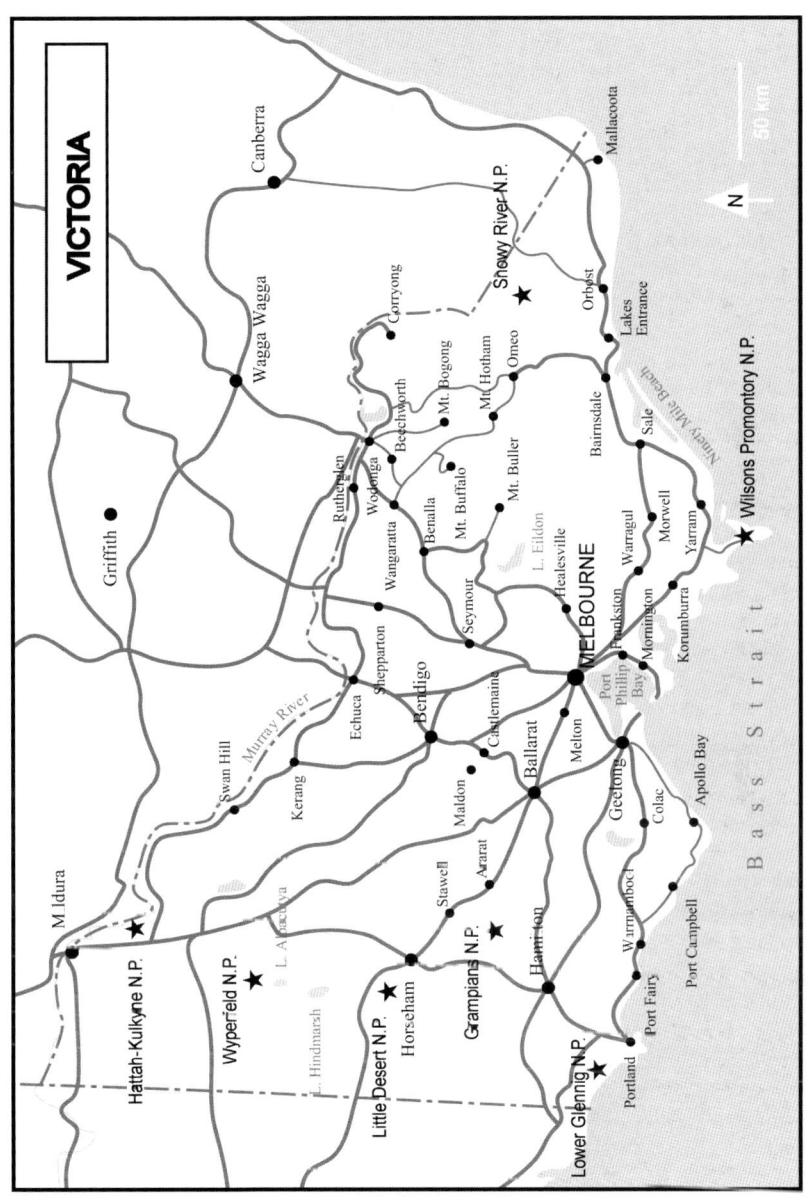

Melbourne (ca. 3 Mio. Einwohner)

In der Jahrzehnte während Rivalität mit Sydney zog Melbourne oft den kürzeren. Weder weist die Stadt einen so beeindruckenden Hafen oder so schöne Strände wie die Konkurrentin auf, noch besitzt das *Victorian Arts Centre* den internationalen Bekanntheitsgrad der Oper von Sydney. Dennoch hat Melbourne seine Vorzüge: viele große Parkanlagen, eines der letzten großen Straßenbahnsysteme der Welt und seinen Ruf als erste australische Modestadt. Während Sydney mit seiner Geschäftigkeit eher an amerikanische Großstädte erinnert, fühlt man in Melbourne die europäisch-britische Tradition des Fünften Kontinents. Auch das Wetter erinnert an die englische Mutterinsel: Während morgens noch strahlender Sonnenschein zum Flanieren einlädt, kann es mittags schon in Strömen gießen. Melbourne war bis 1927 Australiens erste Hauptstadt und ist heute das Finanz- und Handelszentrum.

Der *Royal Botanical Garden* wurde von einem deutschen Botaniker, Baron Ferdinand von Müller, 1852 angelegt und ist einer der schönsten Parks der Welt. Seine 35 ha ziehen sich am Ufer der Yarra entlang. Zwischen dem östlichen Ende der City und dem Wohnviertel Richmond dehnt sich der Park *Fitzroy Gardens* aus. Inmitten des Parks, dessen Ulmen-Alleen sich in der Form des Union Jack kreuzen, hat man das *Elternhaus von Captain James Cook* (ein Geschenk der Gemeinde Great Ayton in Yorkshire) Stein für Stein wieder aufgebaut. Auch die Nachbildung eines englischen Fachwerkdorfes aus dem 17. Jahrhundert ist zu sehen.

Latrobe's Cottage (in der *Kings Domain*) ist ein weiterer Bau, der für den damaligen Gouverneur aus Großbritannien komplett importiert wurde und heute als National Trust in der Originalausstattung eines Haushalts aus dem Jahre 1840 zu besichtigen ist. Die *Sydney Myer Music Bowl*, der größte Konzertpavillon in Australien, befindet sich auf der Nordseite der *Kings Domain*. Im *Victorian Arts Centre* und dem *National Gallery of Victoria*, einem Doppelkomplex, beeindrucken die sehr umfangreichen Sammlungen. Die Gebäude und Anlagen sind jedoch allein schon einen Besuch wert. In dem Concert-Hall-Gebäude befindet sich auch das *Performing Arts Museum*. Der *Queen Victoria Market*, Ecke Elizabeth und Victoria Street, ist ein riesiger Markt mit 500 Ständen, auf dem es, neben Obst und Gemüse, fast alles zu kaufen gibt.

Die Umgebung von Melbourne
Dandenong Ranges

Nur ca. 50 km östlich vom Zentrum der Stadt Melbourne liegt ein Gebiet, das zu den attraktivsten des ganzen Staates zählt. Vulkanische Erde und überdurchschnittlich hohe Niederschläge haben hier Kulturland mit einer großen Vielfalt an einheimischen und exotischen Pflanzen entstehen lassen. Es gibt einen Vogelpark, in dem die sonst scheuen *Lyrebirds* fast zahm geworden sind. Eindrucksvoll ist neben den exotischen Bäumen der tropische Regenwald mit seinen hohen Farnen.

Mornington Peninsula
Zwar ist der Weg zu der ca. 40 km südlich von Melbourne beginnenden Halbinsel fast durchgehend bebaut, doch hat sich das Gebiet einen ländlichen Charakter bewahrt. Es ist beschaulicher und klimatisch milder als Melbourne und hat beliebte Badestrände.

Phillip Island
Gegenüber von Flinders, am Zugang zur *Western Port Bay*, liegt die Ferieninsel Phillip Island. Von San Remo, auf der Ostseite der Bucht, ist sie über eine Brücke zu erreichen, die zu dem kleinen Badeort **Newhaven** führt.
Der Marsch der *Fairy Penguins* allabendlich zurück über den Strand der Summerland Beach ist ein Schauspiel, das man nicht vergisst. Hunderte

In Melbourne erinnert vieles an die europäisch-britische Tradition des Kontinents

dieser befrackten Schwimmvögel watscheln ganz unbekümmert vom Meer herauf zu ihren Nestern.

Etwa 3 km vom Schauplatz der *Penguin Parade* nach Südwesten liegt *Grand Point*. Auf den vorgelagerten Felseninseln sollen zeitweise bis zu 5000 Seehunde residieren.

Jedes Jahr im November kehren die Seeschwalben aus Japan und Alaska zu ihren Brutplätzen in den Dünen von *Cape Woolamai* an der Südostspitze der Insel zurück, und am *Rhyll Inlet* im Norden waten Pelikane, Ibisse und Schwäne durchs seichte Wasser.

Die Südwestküste

Geelong (ca. 182.000 Einwohner)

Die zweitgrößte Stadt Victorias an der *Port Phillip Bay* befand sich zur Zeit des großen Goldrausches in Konkurrenz zu dem 72 km entfernt liegenden Melbourne. Noch heute erinnern viele alte Häuser wie *Barwon Grange* oder *The Hights* an die prunkvolle alte Zeit.

Von Geelong lassen sich interessante Touren zur *Bellarine Peninsula* unternehmen, die wegen ihrer schönen Strände und wegen des historischen Städtchens *Queenscliff* sehenswert ist.

Great Ocean Road

Die Great Ocean Road beginnt westlich von Geelong und führt durch einen der spektakulärsten Küstenstreifen Australiens. Die 230 km lange Straße bis *Warrnambool* schlängelt sich hier entlang malerischer Felsklippen, Grotten und ruhiger Sandstrände und verläuft durch subtropischen Regenwald.

Der Südosten

Gippsland

1839 wurde das Gebiet 200 km östlich von Melbourne zum ersten Mal erforscht. Die Goldfunde von 1850 führten zwar zur Besiedelung, doch erst der Bau der Eisenbahn von Melbourne nach Bairnsdale im Jahr 1887 machte die volle landwirtschaftliche Erschließung dieses fruchtbaren und wasserreichen Gebietes möglich.

Im Hinterland gibt es Braunkohlevorkommen, die im Tagebau abgetragen werden, vor der Küste stehen die Bohrinseln der Erdöl- und Erdgasfelder. Gippsland besitzt die längsten Sandstrände der Südküste, die sich einsam und scheinbar endlos zwischen Lagunen und dem Meer hinziehen.

Zwischen den Orten Sale und Bairnsdale erstreckt sich die 80 km lange Seenplatte des *Lake Wellington* (Naturschutzgebiet).

Der Nordosten

Euroa (ca. 5000 Einwohner)
In Euroa leistete sich der legendäre australische Buschräuber Ned Kelly einen seiner verwegensten Überfälle, als er die kleine Bahnstation *Faithful* ausraubte. 70 km weiter auf dem *Hume Highway*, in Glenrowan, wurde Kelly 1890, damals 25-jährig, gestellt. Nach einem Prozess wurde er noch im selben Jahr in Melbourne gehenkt.

Im Norden von **Glenrowan** (ca. 900 Einwohner) wie auch in dem 40 km nördlich gelegenen **Rutherglen** (ca. 3000 Einwohner) befinden sich einige der bedeutendsten Weingüter Victorias.

Nördlich des *Hume Highway* dehnt sich meilenweit das Flachland des *Murray River*, das **Goulbourn Valley**, aus. Hier werden neben Wein auch Trockenobst, Mandeln und kandierte Früchte hergestellt. Diese Gegend ist am besten mit dem Raddampfer oder einem Hausboot auf dem Murray River zu bereisen. Das Land ist sehr flach und wenig abwechslungsreich – außer im Herbst, wenn das gelbe Weinlaub mit dem Graugrün der Eukalyptusbäume abwechselt.

Zentrales Hochland

Die Region zwischen Ballarat und Bendigo war von 1850 bis 1870 aufgrund der zahlreichen Goldfunde das dichtest besiedelte Gebiet Victorias. Noch immer erinnern viele alte Gebäude an die damalige Zeit. Heute lebt die Region von Landwirtschaft und Viehzucht.

Ballarat (ca. 65.000 Einwohner)
Die ehemalige Goldgräbersiedlung, 110 km westlich von Melbourne, ist die zweitgrößte Binnenstadt Australiens. Im 19. Jahrhundert brach Ballarat jeden Rekord und erwies sich als das reichste Goldgebiet der damaligen Welt. Zunehmende Spannungen zwischen den Behörden und den Goldsuchern führten 1854 zu einem Aufstand, der als „Eureka Stockade" berühmt wurde. Die verärgerten Goldsucher protestierten vor allem gegen die teuren Schürflizenzen. Als sie nichts erreichten, bauten sie Barrikaden und schworen ihre Treue zu einer neuen Flagge, die heute als Symbol der *Australian Labor Party* dient. Polizei und Truppen schlugen den Aufstand schließlich blutig nieder. Heute erinnert im *Eureka Memorial Park* eine audiovisuelle Nachstellung der Vorfälle an den damaligen Aufstand.

Touristische Hauptattraktion der Stadt ist *Sovereign Hill*, eine nachgebaute Goldgräberstadt des vergangenen Jahrhunderts. Auf dem 28 ha großen Gelände werden mehr als 50 Läden im damaligen Stil betrieben, auf den Straßen wird in verschiedenen Theaterstücken das Goldgräberleben nachgespielt. Man hat sogar die Möglichkeit, sich im Goldwaschen zu versuchen und sein Zelt aufzustellen.

Bendigo (ca. 70.000 Einwohner)
In der Zeit des Goldrausches war Bendigo, 155 km nördlich von Melbourne, eine der größten Städte Victorias. Nachdem 1954 die letzte Mine dieses ertragreichen Feldes geschlossen wurde, wird heute wieder gefördert. Die *Central Deborah Mine* bietet Besichtigungstouren in 60 m Tiefe an.
Architektonisch ist Bendigo eine der schönsten Städte Victorias. Fast alle Gebäude aus der Gründungszeit sind noch erhalten.

Grampians
250 km westlich von Melbourne erstreckt sich dieser 167.000 ha große Nationalpark, der zu den schönsten Berglandschaften Victorias zählt. Ausgangsort für Rundfahrten und Wanderungen ist *Halls Gap*, das über Stawell zu erreichen ist.
Auf den Wanderungen kann man Koalas, Kängurus und Emus in ihrer natürlichen Umwelt beobachten. Besonders empfehlenswert sind die Grampians im Frühling (September bis November), wenn sie von einem bunten Wildblumenmeer bedeckt werden.

Tasmania

Australiens kleinster Bundesstaat (ca. 450.000 Einwohner), die grüne Insel im Süden des Kontinents, ist mit 68.300 qkm etwa so groß wie Bayern. Die Nord-Süd-Ausdehnung von Tasmania beträgt 296 km, seine Ost-West-Ausdehnung 315 km.
Tasmania wurde 1642 von Abel Tasman, einem Holländer, entdeckt. Er nannte die Insel *Van Diemen's Land*, und erst 1856 wurde sie zur Erinnerung an ihren Entdecker umbenannt in Tasmania (TAS).
Bereits seit mehr als 20.000 Jahren hatten Aborigines auf Tasmania gelebt. Sie müssen über eine damals bestehende Landbrücke von Norden her eingewandert sein. Vor etwa 6000 Jahren wurde der Meeresspiegel durch eine Klimaveränderung angehoben, eine 250 km breite Meerenge, die *Bass Strait*, entstand, die Tasmania heute vom Kontinent trennt.
1803 begann die blutige Geschichte Tasmanias mit dem Versuch, in *Risdon Cove* bei Hobart eine englische Sträflingskolonie zu etablieren. Die darauf folgenden 75 Jahre brachten die Ausrottung fast aller 5000 dort lebenden Aborigines.

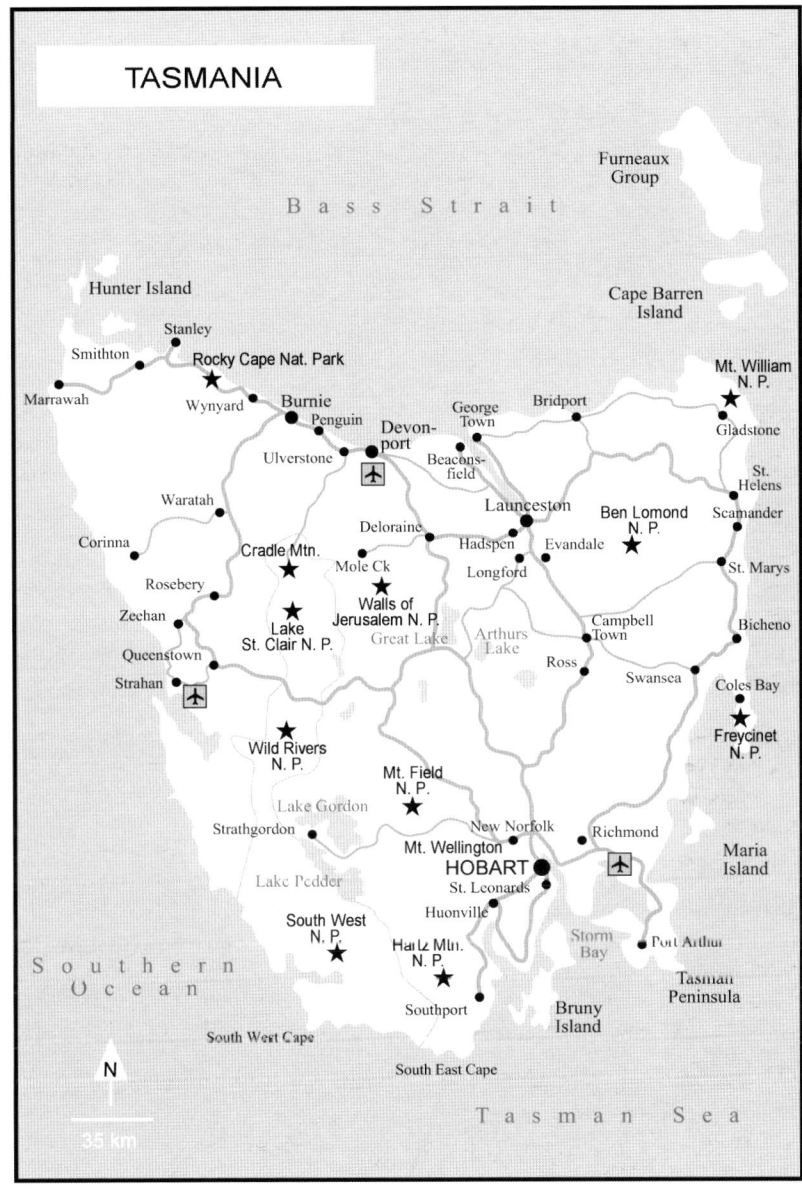

TASMANIA

Furneaux
Group

B a s s   S t r a i t

Hunter Island

Cape Barren
Island

Stanley

Smithton

Rocky Cape Nat. Park

Mt. William
N. P.

Marrawah

Wynyard   Burnie
Penguin

Bridport

Gladstone

Devon-
port

George
Town

Ulverstone

Beacons-
field

St.
Helens

Waratah

Deloraine

Launceston

Ben Lomond
N. P.

Scamander

Corinna

Cradle Mtn.

Mole Ck

Hadspen

Evandale

Longford

St. Marys

Rosebery

Walls of
Jerusalem N. P.

Zeehan

Lake
St. Clair N. P.

Great Lake

Arthurs
Lake

Campbell
Town

Bicheno

Queenstown

Strahan

Ross

Swansea

Coles Bay

Freycinet
N. P.

Wild Rivers
N. P.

Mt. Field
N. P.

Lake Gordon

Strathgordon

New Norfolk

Richmond

Mt. Wellington

HOBART

Maria
Island

Lake Pedder

St. Leonards

South West
N. P.

Huonville

Hartz Mtn.
N. P.

Storm
Bay

Port Arthur

Tasman
Peninsula

S o u t h e r n
O c e a n

South West Cape

Southport

Bruny
Island

N

South East Cape

T a s m a n   S e a

35 km

Heute gilt Tasmania noch immer als „Apfelinsel", Äpfel werden allerdings nur in einem relativ kleinen Gebiet der Nord- und Ostküste angebaut. Der übrige Teil ist noch dicht bewaldetes Bergland, das nur durch die Bergbauindustrie stellenweise erschlossen wurde.

Die höchsten Erhebungen mit über 1500 m finden sich im spärlich erschlossenen Westen. Nach Südosten sind die Bergketten nur noch bis zu 600 m hoch. Einige besonders schöne Strände befinden sich an der Ostküste. Sehr anziehend sind zudem die unberührten Wälder und Flüsse, im Westen die kristallklaren Seen.

In Tasmania sind die Sommer mild und die Winter kühl mit Schneefällen in höheren Lagen. Das ganze Jahr über ist die Insel mit reichlich Niederschlägen gesegnet, besonders an der Westküste.

Hobart (ca. 179.000 Einwohner)

Die Entstehung der heutigen Hauptstadt des australischen Inselstaates geht auf den britischen Seefahrer Captain Collins zurück, der 1803 von Sydney ausgesandt wurde, um noch vor den Franzosen eine Siedlung auf *Van Diemen's Land* zu gründen. Er landete mit einem kleinen Kontingent an Soldaten und Sträflingen am *Sullivan's Cave* an der Mündung des *Derwent* und benannte die Siedlung nach dem damaligen Kolonialminister Hobart.

Battery Point, das älteste Stadtviertel, erinnert mit seinen alten Häusern und engen Gassen noch an die Gründungszeit. Die ehemaligen Lagerhäuser südlich des Hafens hat man restauriert und umgebaut. Hier wird Kunsthandwerk vor den Augen der Besucher angefertigt, es gibt Galerien und kleine Souvenirläden.

Das *Parliament House* in der Murray Street ist das älteste noch erhaltene Gebäude Hobarts. Zwischen 1835 und 1841 erbaut, diente es ursprünglich als Zollhaus.

Die *Anglesea Barracks* in der Hampden Road wurden 1846 als erster Kasernenkomplex Australiens errichtet.

Tudor Court ist die Nachbildung eines englischen Dorfes aus dem 16. Jahrhundert.

Vorbei am *Wrest Point Casino*, einem der beiden Spielcasinos von Tasmania, führt die Straße nach Süden zur *Sandy Bay*, dem Badestrand der Hauptstadt.

Die *Botanical Gardens* und das *Government House* liegen nordöstlich der City. Von dem hier anschließenden *Queens Domain* bietet sich eine schöne Aussicht auf die *Tasman Bridge*, die beide Stadthälften miteinander verbindet.

Die Umgebung von Hobart

Richmond (ca. 500 Einwohner)

Knapp 30 km nordöstlich von Hobart liegt Richmond. Das bezaubernde Städtchen aus dem Jahre 1825 ist der besterhaltene historische Ort Tasmanias. Die Vergangenheit wird dem Besucher durch das *Gaol*, das Gefängnis (in dem auch die Führer der Aborigines gefangen gehalten wurden), durch die *Richmond Bridge* (die älteste noch erhaltene Brücke Australiens, 1823 von Sträflingen erbaut) und die *St. John's Church* (die älteste römisch-katholische Kirche des Landes) nahe gebracht. Gepflegte Rasenflächen säumen den Fluss. Viele alte Wohnhäuser sind heute kleine Kunsthandwerkgalerien, Cafés und Konditoreien.

New Norfolk (ca. 7000 Einwohner)

In New Norfolk steht eines der ältesten Gasthäuser Australiens: „Bush Inn".

Das *Oast House Museum* erläutert die Geschichte des Hopfens. In seiner Galerie stellen führende Kunsthandwerker Tasmanias aus.

Port Arthur

Port Arthur beherrscht 95 km südöstlich von Hobart die Tasman-Halbinsel. Die Straße zu den alten Gefängnisanlagen führt über eine schmale Landenge, den *Eaglehawk Neck*.

Zum Gefängniskomplex gehören die Einzelhaftzellen, die Kirche, die jedoch niemals geweiht wurde, das Krankenhaus und die Wärterunterkünfte. Außerdem gab es eine Werkbahn, die von Sträflingen über Holzschienen gezogen wurde. 1877 wurde die Strafkolonie geschlossen, die Gebäude hat man versteigert. Was die neuen Eigentümer nicht abgerissen hatten, vernichtete ein Waldbrand 1897.

Huonville (ca. 2000 Einwohner)

Ca. 45 km südwestlich von Hobart befindet sich das Zentrum des Obstanbaugebietes, das sich durch das ganze Tal des *Huon River* erstreckt.

Der Südwesten

Mount Field National Park

Der 120 km lange Weg von Hobart in den South West National Park (16.000 ha) führt über New Norfolk nach Maydena am Südende des Mount Field National Park. Hier steht der mit 98 m höchste Eukalyptusbaum. Am Eingang zum Nationalpark stürzen die *Russel Falls* über 50 m in die von Regenwald bedeckte Schlucht. Höchster Berg ist der *Mount Field* mit

1420 m. Von Juli bis Oktober sorgen ausreichende Schneefälle dafür, dass das Gebiet um den *Mount Mawson* für den Wintersport genutzt werden kann. Im Sommer ist die Gegend ein Paradies für Angler und Bergwanderer.

South West National Park
Der South West National Park ist das größte Naturschutzgebiet Tasmanias. Er ist über eine gute, ausgebaute Straße von Maydena aus zu erreichen, Endpunkt ist die Stadt Strathgordon am *Lake Pedder*. Der Park ist nicht ungefährlich, da das Wetter innerhalb weniger Stunden von Sonnenschein in Schneesturm umschlagen kann. Große Teile des Parks sind auch heute noch unerforscht. Diese unberührte Wildnis sollten nur erfahrene und gut ausgerüstete Wanderer betreten. Die Schönheit und Urwüchsigkeit ist jedoch auch dem Touristen nicht ganz verwehrt. Es werden organisierte Kletter- und Wandertouren, Wildwasserfahrten oder aber bequeme Aussichtsflüge angeboten. Mit dem Wasserflugzeug kann man sich die Stromschnellen und Schluchten des wilden *Franklin* und des *Gordon River* ansehen oder über den unberührten Spiegel des *Lake Pedder* dahinfliegen.

Northwest und Central Plateau
Während die Nordwestküste zwischen Devonport und Smithton landwirtschaftlich genutzt wird, ist das dichtbewaldete Landesinnere des *Central Plateau* mit seinen unzähligen Bergseen so gut wie unerschlossen.

Cradle Mountain-Lake St. Clair National Park
Tasmanias berühmtester Nationalpark (132.000 ha) erstreckt sich auf der Westseite des Central Plateaus. Waldheim im Norden und Lake St. Clair im Süden sind durch den 85 km langen *Overlandtrack* verbunden, einen der schönsten Wanderwege Australiens. An dieser Route stehen mehrere Hütten zur Übernachtung bereit. Am Weg liegen kristallklare Bergseen und der höchste Berg Tasmanias, der *Mount Ossa* (1617 m).

Devonport (ca. 26.000 Einwohner)
Hier befindet sich der Anlegehafen für die Fähre von Melbourne nach Tasmania. Die niedrigen Häuser und die breit angelegte *Esplanade* bieten dem Besucher einen freundlichen Empfang.

Launceston (ca. 69.000 Einwohner)
Launceston, 1804 gegründet, ist Tasmanias zweitgrößte Stadt. Den entscheidenden Anstoß für die Entwicklung dieser Region gaben wieder ein-

mal Goldfunde. Die Stadt trägt zu Recht den Namen „The Garden City".
Die *Rhododendron Gardens* sind die Nr. 1 unter den vielen Grünanlagen.
Im *Wildlife Sanctuary* hat man ein Freiwildgehege für einheimische Tiere
geschaffen.
Die *Penny Royal Mills* zeigen noch funktionierende alte Wind- und Was-
sermühlen. Eine ehemalige Schießpulverfabrik ist eine der Attraktionen in
der *Penny Royal World*.
Auf dem Weg zur *Cataract Gorge*, die der South East River in den Felsen
geschnitten hat, kommt man an einigen sorgsam restaurierten Häusern
vorbei. Per Sessellift oder über eine Hängebrücke (für Schwindelfreie)
erreicht man die andere Seite der Schlucht.

South Australia

South Australia (SA) bedeckt eine Fläche von rund 984.000 qkm. Fast 70
Prozent seiner 1,5 Millionen Einwohner lebt in der Landeshauptstadt Adelaide.
Im Gegensatz zu anderen Bundesstaaten Australiens wurde South Australia nicht als Strafkolonie geplant, sondern entstand 1836 durch einen Akt
des britischen Parlaments als unabhängige Kolonie. Deutsche waren an
der Besiedlung Südaustraliens wesentlich beteiligt. Lutheraner aus Brandenburg und Schlesien, die sich aus religiösen Gründen einer Verordnung
des Königs von Preußen widersetzt hatten, wanderten zwischen 1838 und
1850 ein. Sie besiedelten u.a. das *Barossa Valley* – heute ein bedeutendes
Weinanbaugebiet nordöstlich von Adelaide.
Obwohl die Küstenregion stark industrialisiert ist, spielen Agrarprodukte
wie Weizen, Wolle und Wein zusammen mit dem Fleischexport wirtschaft-
lich eine dominierende Rolle. Allerdings ist 70 Prozent der Landfläche
Trockenregion mit jährlich weniger als 250 mm Niederschlag landwirtschaftlich nicht nutzbar. Im nördlichen Teil herrscht das ganze Jahr über
Wüstenklima mit heißen Tagen und kühlen Nächten. Nach Süden findet ein
allmählicher Übergang zum Mittelmeerklima statt, das sich in trockenen
und sehr warmen Sommern und feuchten, kühlen Wintern äußert. Touristisch sind neben Adelaide das *Kangaroo Island*, das *Barossa Valley* und die
Flinders Ranges im Landesinneren interessant.

Adelaide (ca. 1 Mio. Einwohner)
Adelaide ist Australiens fünftgrößte Stadt. Breite Straßen, gepflegte Häuser, schöne Parks, interessante Museen und internationale Festspiele
sichern seinen Ruf als „Festival City".

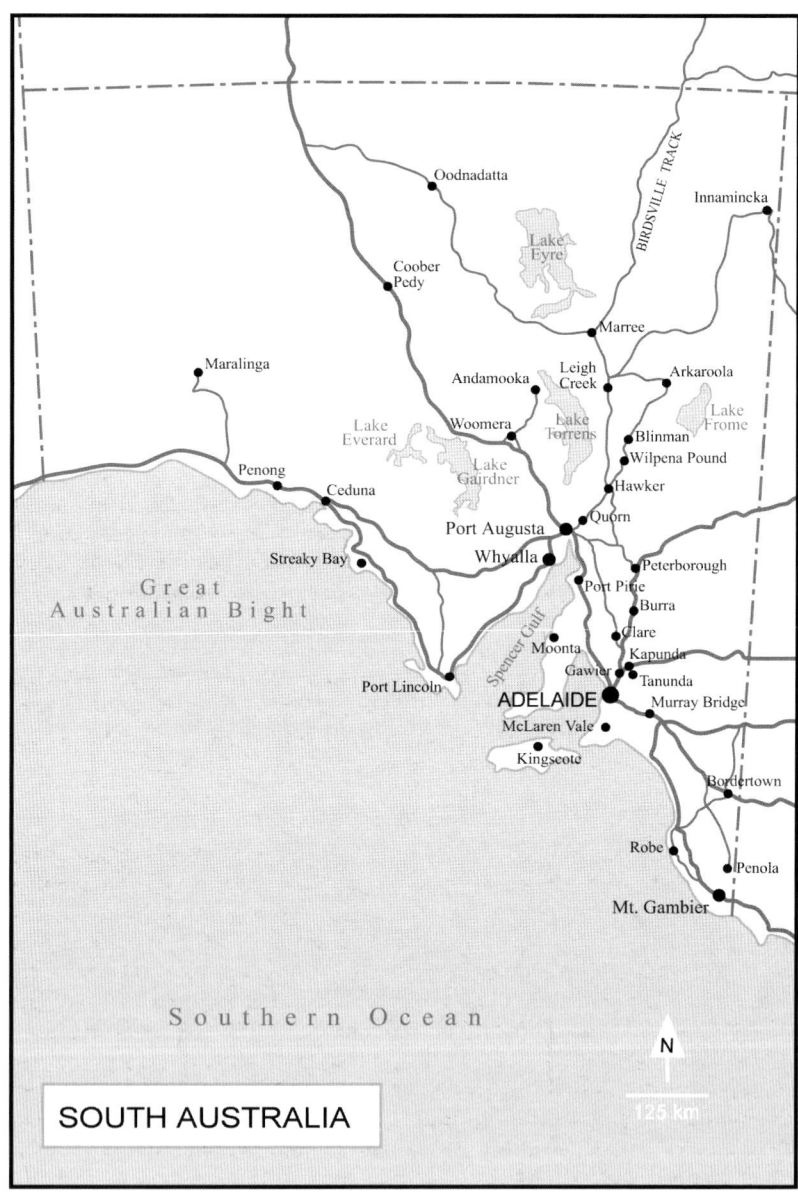

SOUTH AUSTRALIA

Ein weiter Blick über die Stadt bietet sich vom *Light's Vision*, von dem aus William Light seinen Plan für die Stadt entworfen haben soll, und vom *Windy Point*, wo man die Aussicht auf Adelaide und die Umgebung bei einem Glas Bier im Pub genießen kann.

Die *Universität*, die *Art Gallery of South Australia*, das *Migration Museum* und das *South Australian Museum* liegen nahe beieinander. Letzteres beherbergt die größte Sammlung an Kunst- und Kultgegenständen der australischen Ureinwohner sowie europäische, asiatische und melanesische Sammlungen.

Gleich um die Ecke befindet sich das *Festival Centre* mit seinen Grünanlagen und dem Bootsverleih am *Torrens River*. Die 16 ha großen *Botanical Gardens* warten mit exotischen Pflanzen und dem beeindruckenden Tropenhaus auf. Es gibt eine *Aboriginal Art Gallery*; das *Jam Factory Craft Centre* zeigt Kunsthandwerk in Glas, Keramik, Leder und Wolle von einheimischen Künstlern.

Eine Fahrt mit der einzigen Straßenbahn Adelaides zum Badevorort Glenelg bietet schöne Ausblicke. Auf dem Weg nach Cape Jervis, entlang dem St. Vincent Gulf, befinden sich *Christie's Beach* (guter Badestrand), *Port Noarlunga, Seaford Beach, Moana Beach* und *Maslins Beach* (FKK). Sie laden mit 32 km langem, feinem Sandstrand zum Schwimmen ein.

Die Umgebung von Adelaide

Einige Kilometer östlich von Adelaide beginnt mit den *Adelaide Hills* die Bergkette der *Mount Lofty Ranges*. Kleine Dörfer liegen an kurvenreichen Landstraßen. Die Landschaft erinnert an Süddeutschland, sie zählt zu den schönsten Naherholungsgebieten von Adelaide.

Barossa Valley

Ungefähr 60 km nordöstlich von Adelaide erreicht man das Barossa Valley, ein berühmtes Weinbaugebiet, das nicht nur für seinen schmackhaften Rebensaft, sondern auch für seine deutsche Tradition bekannt ist. Einwanderer aus Deutschland waren es, die sich um 1839 hier niederließen. (Viele der ehemals deutschen Dorfnamen wurden jedoch während des Ersten Weltkrieges umbenannt.) Aus dem 35 km langen und 3 bis 12 km breiten Tal kommt gut ein Viertel aller in Australien produzierten Weine.

Seinen Namen verdankt das Barossa Valley William Light, dem Gründer Adelaides, den es an seine Dienstzeit in Spaniens *Valle de Bar Rosa* (Tal der Roten Berge) erinnert hatte. Daraus wurde „Barrosa" und durch einen Schreibfehler schließlich „Barossa". Über 35 Weingüter laden in diesem Tal auf einen Probeschluck ein.

Tanunda (ca. 4000 Einwohner)
Der Ort ist der traditionsreichste und vielleicht der deutscheste im Barossatal. Inmitten der alten Häuser um den *Goat Square*, den Ziegenmarkt, wurden früher die Wochenmärkte abgehalten. Typisch australisch zeigt sich dagegen die Vegetation: Bei den Nadelbäumen handelt es sich im Gegensatz zu Mitteleuropa um Norfolk-Pinien, und statt von einer Lindenallee ist die *Murray Street* von Affenbrotbäumen gesäumt.
Das *Barossa Valley Historical Museum* führt in die Geschichte des Ortes ein.

Südlich von Adelaide
Fleurieu Peninsula
Die Halbinsel südlich von Adelaide ist für ihre abwechslungsreichen Strände entlang dem *St. Vincent Gulf* bis zum *Cape Jervis* und auch für das Weinbaugebiet um **McLaren Vale** (ca. 2000 Einwohner) bekannt. Über 40 Winzer produzieren hier in kleinen Betrieben sehr gute Rotweine und halten im Herbst ihr *Wine Bushing Festival* ab.
Victor Harbour (ca. 6000 Einwohner), auf der Ostseite der Halbinsel, bietet neben einem guten Badestrand auch die Möglichkeit, Pinguine und

Gepflegte Häuser wie das Rathaus bestimmen das Stadtbild von Adelaide

Seehunde auf *Granite Island* zu sehen. Die ehemalige Walstation liegt in *Rosetta Bay*.

Kangaroo Island
Australiens drittgrößte Insel liegt 110 km südlich von Adelaide und ist eines der großen Naturwunder von South Australia. Das Eiland misst 150 km in der Länge und ist bis zu 50 km breit. Seine Landschaft besitzt die raue Schönheit einer Nordseeinsel. Seehundjäger, Walfänger und entflohene Sträflinge prägten die Inselgeschichte. Kangaroo Island eignet sich bestens zu langen Wanderungen in unberührter Natur. Besonders schön ist der 60.000 ha große *Flinders Chase National Park* an der Westspitze. In dem Naturschutzgebiet lassen sich Koalas, Kängurus, Emus, Opossums, aber auch Seehunde und Pinguine beobachten.

American River ist ein touristisch erschlossener Ort, dessen Name angeblich auf amerikanische Walfänger zurückgeht, die dort ein neues Boot bauten. In **Penneshaw** findet man einen hübschen Ferienort mit Badestrand und kleinem Hafen. Während die Nordküste der Insel relativ geschützt ist, schlagen an der Südküste an rauen Tagen Brecher gegen die Klippen. Es gibt auch im Süden einige Strände, aber selbst an ruhigen Tagen ist die Strömung gefährlich stark.

Der Südosten
Folgt man dem *Princes Highway* in südöstlicher Richtung, so überquert man in Murray Bridge Australiens längsten Fluss, den *Murray River*. In Tailem Bend zweigt der *Princes Highway* nach Süden ab und führt an dem 100 km langen **Coorong National Park** vorbei. Dort erlebt man eine herrliche Lagunenlandschaft, die jedoch nur an zwei Stellen zur Küste hin überquert werden kann.

Mount Gambier (ca. 22.000 Einwohner)
455 km südöstlich von Adelaide, direkt an der Grenze zu Victoria, liegt das kommerzielle Zentrum der Region. Die Stadt, von großen Kiefernwäldern umgeben, breitet sich am Fuße eines erloschenen Vulkans aus, dessen Kraterseen ihr den Beinamen *Blue Lake City* eingebracht haben.

Der Norden
In nördlicher Richtung führt der *Highway No. 1* von Adelaide durch die Industriehafenstädte Port Pirie und Port Augusta. Von Port Augusta gelangt man auf dem *Stuart Highway* über Coober Pedy nach Alice Springs oder über Quorn und Hawker zu den Flinders Ranges.

Flinders Ranges

Mit der 400 km nördlich von Adelaide gelegenen imposanten Bergkette, die sich durch über 1000 m hohe Erhebungen und einzigartige grüne Schluchten auszeichnet, besitzt Südaustralien eines der geologisch ältesten Gebiete der Welt. Die Landschaft hat hier durch Erosion bizarre Formen angenommen. In den tiefen Schluchten sammelt sich Wasser, das Tiere und Pflanzen trotz der brütenden Hitze im Sommer überleben lässt. Die Bäume (*Red River Gums* und *Wattle Trees*) am Flussufer erreichen majestätische Höhen. Im Frühling verwandeln sich die Flinders Ranges in ein bunt schillerndes Blütenmeer.

Coober Pedy (ca. 3000 Einwohner)

Inmitten einer tristen, staubigen Wüstenlandschaft – knapp 1000 km nordwestlich der Landeshauptstadt – liegt Coober Pedy, das reichste Opalfeld der Welt: Eine Mondlandschaft mit Hunderten von Steinhalden, die wie riesige weiße Maulwurfshügel aussehen, prägt das Gesicht dieser Gegend. Die Bewohner arbeiten nicht nur unter Tage, sondern haben auch ihre Wohnungen (*Dugouts*) unter die Erde verlegt – ein idealer Schutz gegen die Sommerhitze, Staubstürme, Fliegen und die nächtliche Kälte. Sehr treffend scheint da die Wahl des Ortsnamens: „Coober Pedy" soll von den Ureinwohnern stammen und „Weißer Mann im Loch" bedeuten.

Western Australia

Western Australia (WA) ist mit 2.525.500 qkm Australiens größter Bundesstaat, in dem etwa 1,4 Millionen Menschen leben.

1617 wurde Western Australia von dem holländischen Kapitän Dirk Hartog entdeckt, dessen Handelsschiff durch einen Sturm vom Kurs abgekommen war und an einer Insel vor der *Shark Bay* kenterte. 1829 kam es zu der offiziellen Kolonialisierung durch die Engländer. Goldfunde um 1890 führten zu einem raschen Bevölkerungswachstum, und im selben Jahr erhielt Western Australia den Status einer eigenständigen Kolonie.

Landwirtschaftlich bedeutsam sind heute die südliche Küstenregion und einige künstlich bewässerte Gebiete im Norden. An der Südwestküste erstrecken sich Karri-Wälder mit Bäumen, die bis zu 90 m hoch werden. Hauptsächlich werden Weizen, aber auch Obst und Wein angebaut. Gold gewinnt man immer noch in größeren Mengen, doch sind andere Bodenschätze längst wichtiger für den Wohlstand Westaustraliens geworden. Die großen Devisenbringer sind heute Bauxit, Eisenerz, Mangan, Nickel, Zinn und Blei. Der Abbau wichtiger Bodenschätze zieht auch die entsprechen-

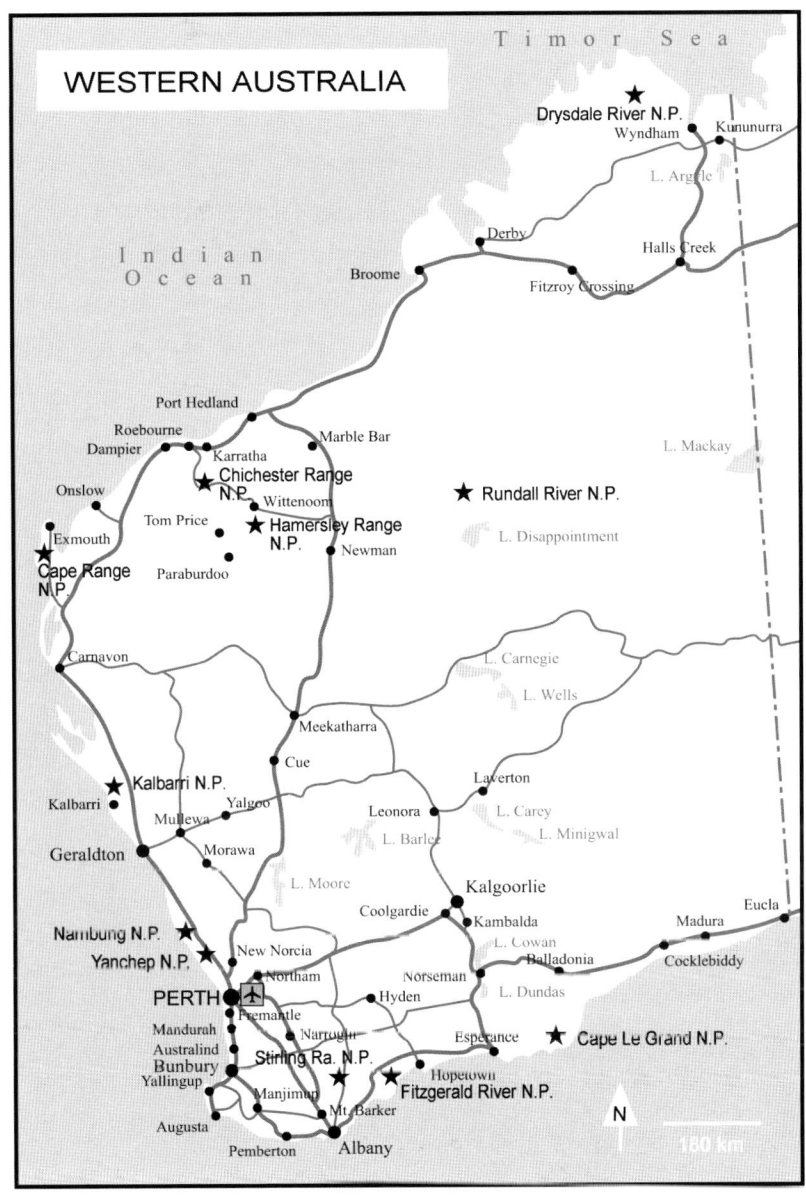

WESTERN AUSTRALIA

T i m o r   S e a

★ Drysdale River N.P.
Wyndham ● ● Kununurra

L. Argyle

I n d i a n
O c e a n

● Derby
Halls Creek ●
Broome ●
Fitzroy Crossing ●

● Port Hedland
Roebourne ●   ● Marble Bar
Dampier ●   ● Karratha
L. Mackay
Onslow ●   ★ Chichester Range N.P.
● Wittenoom   ★ Rundall River N.P.
Tom Price ●   ★ Hamersley Range N.P.
Exmouth ●   ● Newman   L. Disappointment
★ Cape Range N.P.   Paraburdoo ●

● Carnavon

L. Carnegie
L. Wells

● Meekatharra
● Cue
★ Kalbarri N.P.   ● Laverton
Kalbarri ●   Yalgoo ●   Leonora ●   L. Carey
Mullewa ●   L. Barlee   L. Minigwal
Geraldton ●   Morawa ●
L. Moore   Kalgoorlie ●   Eucla
Coolgardie ●   Madura ●
Nambung N.P. ★   Kambalda ●   L. Cowan
New Norcia ●   Balladonia ●   Cocklebiddy ●
Yanchep N.P. ★   ● Northam   Norseman ●
PERTH ✈   ● Hyden   L. Dundas
Fremantle ●
Mandurah ●   ● Narrogin
Australind ●   Esperance ●   ★ Cape Le Grand N.P.
Bunbury ●   Stirling Ra. N.P. ★
Yallingup ●   Manjimup ●   Hopetown ●
★ Fitzgerald River N.P.
● Mt. Barker
Augusta ●   N
Pemberton ●   Albany ●

180 km

den Verarbeitungsindustrien (z.B. Metallindustrie) nach sich. Erdgasvorkommen versorgen Industrie und Städte mit Energie.

Da sich Western Australia über 20 Breitengrade erstreckt, herrscht kein einheitliches Klima. Bei 60 Prozent der Gesamtfläche liegt die jährliche Niederschlagsmenge unter 250 mm.

Der Norden des Staates ist tropisch, ohne übermäßige jahreszeitliche Schwankungen; die Durchschnittstemperaturen bewegen sich um 35 °C. Von Dezember bis April ist die Zeit der Monsunregen, Wirbelstürme und überfluteten Straßen.

Die trockensten Zonen mit langen Hitzeperioden im Sommer sind im Landesinneren. Im Winter ist es dort tagsüber warm, die Nächte sind kühl. Der Südwesten ist subtropisch-gemäßigt mit angenehmen Temperaturen und ausreichend Niederschlägen.

Perth (ca. 1 Mio. Einwohner)

Perth ist die viertgrößte Stadt Australiens – und die wohl schönste. Sie hat ein angenehmes Klima: Im Sommer verhindert eine frische Brise von Westen, „Fremantle Doctor" genannt, dass es zu stickig wird; die Winter sind mit Durchschnittstemperaturen um 13 °C ausgesprochen mild. Die vielen Einwanderer, vor allem aus Asien, verleihen der Stadt ihr kosmopolitisches Flair.

An Sehenswertem hat Perth einiges zu bieten – unter anderem *Parliament House, The Cloisters, Old Court House, St. Georges Cathedral* und *St. Andrews Church, Government House*, das *Museum of Western Australia*. Neben diesen architektonischen Akzenten sind es aber vor allem die vielen Parkanlagen, die den Charme der Stadt ausmachen.

Der *Perth Zoo* zeigt viele australische Tiere (Koalas, Kängurus, Numbats) in einer beeindruckenden Gartenlandschaft.

Eine der schönsten Parkanlagen ist der *Kings Park* (400 ha) mit dem *Botanischen Garten* und einem Aussichtsturm. In dem ursprünglich belassenen Teil der Anlage stehen im Frühjahr (August bis Oktober) die Wildblumen in prachtvoller Blüte.

Der *Swan River*, der die City von Perth von den südlichen Stadtteilen trennt, erhielt den Namen nicht von den britischen Siedlern, sondern von einem Holländer, Willem de Vlamigh, der 1696 beim heutigen Hafen Fremantle in die Flussmündung fuhr, dort schwarze Schwäne sah und so den Fluss nach ihnen benannte. Auf einer der Flussmündung vorgelagerten Insel fand der Holländer auch kleine Beuteltiere, Quokkas, die er für Ratten hielt. Seit damals heißt das Eiland *Rottnest Island*, ein beliebtes Ziel für Wochenendausflüge.

Die Umgebung von Perth

Fremantle (ca. 30.000 Einwohner)
An der Mündung des Swan River liegt Fremantle, das mit Perth zusammengewachsen ist. Der Hafen ist der größte von Westaustralien. Alte viktorianische Gebäude prägen das Bild der Stadt, sie wurden anlässlich des 1987 veranstalteten Segelwettkampfs „America's Cup" zum überwiegenden Teil restauriert. Hier finden sich neben Boutiquen und Galerien auch schöne Straßencafés.

Yanchep National Park

Unweit von Perth liegt ein zum Nationalpark erklärter ehemaliger Vergnügungspark – eine interessante Mischung aus urwüchsiger Natur und einigen zivilisatorischen Veränderungen. In dem 2800 ha großen Park stehen die eigenartigen *Grass Trees* mit ihren wie versengt aussehenden schwarzen Stämmen. Höhlen mit Tropfsteinformationen sind in den Kalksteinklippen zu finden. Der Süßwassersee *Loch McNess* beeindruckt durch seinen Vogelreichtum. Im *Atlantis Marine Park* gibt es Dressurakte von Delphinen und Seehunden zu bestaunen.

Northam (ca. 7000 Einwohner)

Die Stadt liegt 100 km nordöstlich von Perth am Zusammenfluss des *Avon* und *Mortlock River* und ist das landwirtschaftliche Zentrum für das umliegende Weizenanbau- und Schafzuchtgebiet.

Der Süden

Albany (ca. 17.000 Einwohner)
Albany, am *King George Sound*, ist eine ehemalige Walfangstation. Schon vor Perth gegründet (1826), war es jahrzehntelang Anlaufstation für Dampfschiffe auf dem Weg nach Melbourne und Sydney, die dort Kohle aufnahmen.
Sehenswert sind u.a. das *Albany Residency Museum*, das 1851 gebaute Gehöft, und *Whaleworld* in der ehemaligen Walfangstation.

Esperanoo (ca. 7000 Einwohner)

Die Stadt mit den schönsten Stränden Western Australias liegt zwischen den beiden Nationalparks *Stokes Inlot* und *Cape Le Grand*. Viele Kilometer ziehen sich die weißen Sanddünen am türkisfarbenen Wasser entlang, in dem mit etwas Glück auch Delphine gesichtet werden können. Eine schöne Aussicht bietet sich vom *Rotary Lookout* oder dem *Observatory Point*.

Ein Wasservogelparadies ist der 3 km nordwestlich gelegene *Pink Lake*, der seinen rosaroten Schimmer und damit seinen Namen einer Alge verdankt. Der *Archipelago of the Reserche* besteht aus unzähligen Inselchen vor der Küste.

Goldfelder
Am 15. Juni 1893 fand Patrick „Paddy" Hannan im Gebiet des heutigen Kalgoorlie Gold und löste damit den Goldrausch in Western Australia aus. Weiter südlich wurden in der *Golden Mile* die ertragreichsten Goldvorkommen Australiens entdeckt. Noch heute wird hier Gold abgebaut.

Kalgoorlie / Boulder (ca. 26.000 Einwohner)
Kalgoorlie und Boulder sind zu einer Stadt zusammengewachsen und Zentrum der Goldfeldregion. Die Stadt wird noch heute über eine 550 km lange Wasserrohrleitung von Perth aus versorgt. Von dem Wasserspeicher *St. Charlotte* bietet sich eine schöne Aussicht über die Stadt und das karge Hinterland.
Das *Museum of the Goldfields*, mit echten Goldnuggets im Kellertresor, stellt auf anschauliche Art und Weise das Leben und die Geschichte der Goldgräber dar. Die *Hainault Mine*, 1898 eröffnet, gilt heute als touristische Attraktion. Noch immer weist die Gegend um Kalgoorlie reiche Bodenschätze auf. Neben Gold werden vor allem Nickel, Kupfer, Magnesium und Uran abgebaut. Die großen Goldminen sind allerdings geschlossen.

Coolgardie (ca. 2000 Einwohner)
Coolgardie, 40 km südlich von Kalgoorlie, war ehemals ein florierendes Goldgräberzentrum mit über 15.000 Einwohnern. In der heutigen Geisterstadt sind viele der historischen Gebäude in restauriertem Zustand zu besichtigen.

Der Norden
Das *Kimberley Plateau* im Norden ist eine menschenarme Landschaft, oft karg an Wasser – außer in der Regenzeit (November bis April). In den Wintermonaten (Juni, Juli und August) fasziniert das Gebiet dann bei Tagestemperaturen von 26-27 Grad mit saftigem Grün, Teichen und Tümpeln, die sich Wasservögel und Seerosen teilen.

Broome (ca. 4000 Einwohner)
Um die Wende zum 20. Jahrhundert, als beinahe jedes Kleidungsstück noch Perlmuttknöpfe aufzuweisen hatte, lieferte Broome, an der Nordspit-

ze Westaustraliens gelegen, über 80 Prozent des Weltbedarfs. Seit Plastik und Zuchtperlen das Perlmutt verdrängt haben, ist die wirtschaftliche Bedeutung der Stadt zurückgegangen. Heute wirkt Broome eher wie ein verschlafenes Nest.

Das *Broome Historical Society Museum* gibt auf engstem Raum einen guten Einblick in die glanzvolle Geschichte der Stadt und ihrer Perlenindustrie. Die Schalen der Perlmuscheln werden nun zu Souvenirs verarbeitet.

Bei Broome erstrecken sich wunderschöne, kilometerlange und einsame sandige Strände.

Derby (ca. 3000 Einwohner)
200 km nördlich von Broome, am *King Sound*, einer großen Bucht, liegt Derby – Verwaltungszentrum und Viehexporthafen. Das Mündungsgebiet des *Fitzroy River* verdankt seine Entwicklung der Entdeckung von Goldvorkommen.

Boab Trees, die für die Kimberleys typischen Flaschenbäume, sieht man in dieser Gegend zu Tausenden.

Kununurra (ca. 5000 Einwohner)
Kununurra, 440 km von Darwin entfernt, eignet sich hervorragend als Ausgangsort für Ausflüge in die *Kimberleys*. Südlich des Städtchens liegt der größte Stausee Australiens, der *Lake Argyle*, auf dem auch jede Art von Wassersport betrieben werden kann. Weiter Richtung Süden befindet sich eine der größten Diamantminen der Welt, die *Argyle Diamond Mine*. Das Gebiet um Kununurra lebt vorrangig von der Viehzucht.

IV. Gut präpariert nach Australien

Ob es sich um so simple Dinge wie die Abmeldung einer Tageszeitung oder um weit aufwendigere Unternehmungen wie den Verkauf eines Hauses handelt – wer umzieht, noch dazu auf einen anderen Kontinent, hat viel um die Ohren und sollte sich dieser Herausforderung wohl organisiert und von langer Hand geplant stellen.
Papier und Stift an einem zentralen Platz in der Wohnung helfen, jederzeit Kleinigkeiten zu notieren, die bis zur Umsiedelung erledigt werden müssen. Folgenreiche Schritte in Sachen Auswanderung – Wohnung und Job kündigen, Verträge lösen, Flüge buchen etc. – sollten nicht in die Wege geleitet werden, bevor die Einwanderungsgenehmigung schwarz auf weiß eintrifft.
Trotzdem können und sollten Sie Vorarbeit leisten, indem Sie sich über Kündigungsfristen und Preise, Zollbestimmungen u.ä. informieren.

Arbeitssuche von zu Hause
Nicht jeder Einwanderer kann sich nach seiner Ankunft auf dem Fünften Kontinent entspannt und frei von finanziellen Sorgen zurücklehnen, weil er beispielsweise einen australischen Lebenspartner hat, der für ihn sorgt, oder er sich vor dem Hintergrund eines staatlichen Arbeitsprogramms bereits zu den erfolgreich Vermittelten zählen darf. Die meisten Neuankömmlinge werden sich sofort mit dem unbequemen Thema Jobsuche beschäftigen müssen, da das Lebensglück in Australien davon abhängen wird, ob, wann und zu welchen Bedingungen man Arbeit findet.
Es empfiehlt sich, alle mit seinem Beruf in Verbindung stehenden Fragen zu klären, *bevor* man einen Visumantrag stellt und damit eine beeindruckende Kosten-Lawine ins Rollen bringt: Wie ist der australische Arbeitsmarkt beschaffen und wie stehen meine Aussichten, mich auf diesem zu behaupten? Muss ich meine fachlichen Fähigkeiten von einer australischen Behörde offiziell anerkennen lassen, bevor ich arbeiten darf? Unterliegt auch *mein* Beruf bestimmten Anforderungen, d.h. benötige ich z.B. eine Registrierung oder Lizenzierung durch eine staatliche Behörde oder bin ich überhaupt berechtigt für die möglicherweise erforderliche Mitgliedschaft in einem Berufs- oder Industrieverband? Wie knüpfe ich Kontakte zu möglichen Arbeitgebern? Gibt es Vermittlungsstellen? Und und und.

Von der Arbeitssituation in Australien dürfen keine Wunder erwartet werden. Auch hier gilt das Recht des Stärkeren. Auch hier unterliegen Markt und Wirtschaft weltweiten Einflüssen.

Auch hier ist das Phänomen Arbeitslosigkeit nicht unbekannt. Zurzeit bewegt sich die Arbeitslosenquote in *down under* um 7 Prozent, für Neuankömmlinge deutlich darüber. Selbstverständlich werden sich auch auf dem Fünften Kontinent nur die Arbeitsuchenden erfolgreich gegen die Konkurrenz behaupten, die etwas vorweisen können: Schul-, Hochschul- und/oder Berufsausbildungsabschlüsse, Sprachkenntnisse, Berufserfahrung ... – je qualifizierter, desto besser. Was auf Einwanderer natürlich noch in verstärktem Maße zutrifft.

Bekanntlich führen viele Wege ans Ziel, und es gibt eine Reihe von Möglichkeiten, um an Informationen zum Stichwort „Arbeiten in Australien" zu gelangen. Nicht zuletzt helfen die in Kapitel *II./Informationsquellen* angesprochenen Broschüren und Publikationen, sich sachkundig zu machen.

Beratungsstellen

Die Auskunftsstellen der Wohlfahrtsverbände sind mit ihrem Beratungsangebot ein guter erster Anlaufpunkt (Adressen s. Anhang). Die Mitarbeiter können aufgrund ihrer Erfahrung (auch mit Rückkehrern) viele wichtige Hinweise und Tipps geben.

⍉ Checkliste Arbeitssituation in Australien

O Übersicht über den australischen Arbeitsmarkt verschaffen

O Aussichten auf dem Arbeitsmarkt für den eigenen Beruf prüfen

O Wird eine Anerkennung der fachlichen Fähigkeiten/Qualifikationen durch die australischen Behörden benötigt?

O Unterliegt der Beruf einer Registrierung oder Lizenzierung?

O Werden spezielle Voraussetzungen für eine eventuell erforderliche Mitgliedschaft in einem Berufs- oder Industrioverband gefordert?

O Kontakte zu möglichen Arbeitgebern knüpfen:
  - Internet
  - telefonisch
  - schriftliche Bewerbung

O Vermittlungsstellen hier und vor Ort ausfindig machen

Private Kontakte

Haben Sie Familie oder Freunde in Australien? Wenn ja, dann nutzen Sie diese Beziehungen: Mittwochs und samstags erscheinen in den dortigen Tageszeitungen Stelleninserate. Lassen Sie sich akzeptable und interessante Angebote zuschicken. Auch kann Ihre Verbindungsperson in Australien, die schließlich einen klaren Heimvorteil besitzt, Ihnen sicherlich den einen oder anderen Kontakt zu potenziellen Arbeitgebern vermitteln.

Arbeitsamt

Sehr groß ist die Wahrscheinlichkeit sicher nicht, dass ein hiesiges Arbeitsamt eine Beschäftigung gerade in Australien vermitteln kann. Dennoch lohnt sich der Gang zum nächsten Arbeitsamt: Im sogenannten **sis** (Stellen-Informations-Service) kann man nach Stellenausschreibungen für Australien suchen. Im selben Zusammenhang empfiehlt sich die Lektüre des Stellenanzeigers **„Markt & Chance"** .

Auf die „Internationale Arbeitsvermittlung" spezialisiert ist die **Zentralstelle für Arbeitsvermittlung (ZAV)** in Bonn, die u.a. Fach- und Führungskräften zu einer Arbeitsmöglichkeit im Ausland verhilft:

Zentralstelle für Arbeitsvermittlung (ZAV)
Internationale Arbeitsvermittlung, 53107 Bonn
Hausanschrift: Villemombler Straße 76, 53123 Bonn
Tel. 02 28 / 7 13-0, 7 13-13 13, Fax 02 28 / 71 32 70 11 11
E-Mail: bonn-zav@arbeitsagentur.de, Internet: www.arbeitsagentur.de
direkte Ansprechpartner für Vermittlungen in Industrieländer in Übersee:
Tel. 02 28 / 7 13 14 36 und 7 13 11 12 (Führungskräfte)
Tel. 02 28 / 7 13 12 75 und 7 13 11 14 (Fachkräfte)
Fax 02 28 / 7 13 10 35

Deutsch-Australische Industrie- und Handelskammer

Die Deutsch-Australische Industrie- und Handelskammer nimmt auf dem Wirtschaftssektor vielfältige Aufgaben wahr, vermittelt allerdings keine Arbeitsstelle in Australien. Sie kann jedoch durch ihr großes Angebot an Büchern, Broschüren etc. wertvolle Dienste erweisen. Die Publikation „Deutsche Niederlassungen in Australien" liefert für 40 Euro über 300 Adressen deutscher Betriebe. Für Geschäftsleute dürfte der Titel „Unternehmensgründung in Australien" (36 Euro) interessant sein. In einer kammereigenen Publikation („German-Australian Business News", erscheint zweimonatlich) können Stellengesuche inseriert werden. Nähere Informationen erhält man über das Internet: www.germany.org.au/jobs.htm.

Deutsch-Australische Industrie- und Handelskammer
Level 2, St Andrew's House, Sydney Square, Sydney NSW 2000
www.germany.org.au

Bundesagentur für Außenwirtschaft (bfai)

Die dem Bundesministerium für Wirtschaft und Technologie nachgeordne-
te Behörde stellt für deutsche Unternehmen breitgefächerte Informationen
zu Wirtschafts- und Handelsbedingungen zusammen, und zwar weltweit.
Diese Auskünfte stehen in zahlreichen Veröffentlichungen (fast 7000) und
Datensammlungen zur Verfügung. Arbeitssuchende kommen über die
Publikationen der bfai u.a. an nützliche Kontaktstellen.

Bundesagentur für Außenwirtschaft (bfai)
Agrippastraße 87-93, 50676 Köln
Tel. 02 21 / 20 57-0, Fax 02 21 / 20 57-212
www.bfai.de

Internet

Das Internet ist eine wahre Fundgrube für künftige Einwanderer, die sich
einen Überblick über den australischen Arbeitsmarkt verschaffen wollen.
Von der Suche nach Jobs bis zur fachlichen Anerkennung bestimmter
Berufe erfährt man hier viel Wissenswertes für die weiteren Aktivitäten.

– www.workplace.gov.au (Die Webseiten von *Australian Government
  Employment* verweisen an viele staatliche Arbeitsquellen.)
– www.dewrsb.gov.au *(Department of Employment, Workplace Relations
  and Small Business)* oder
– www.jobsguide.com.au
– www.yellowpages.com.au
– www.mycareer.com.au
– www.jobguide.detya.gov.au
– www.monster.de
– www.detya.gov.au/noosr (fachliche Anerkennung ausländischer Berufe)

Deutscher Akademischer Austauschdienst (DAAD)

Im Rahmen der Projekte des DAAD bestehen u.a. Fördermöglichkeiten für
qualifizierte Wissenschaftler (z.B. befristeter Aufenthalt als Dozent an
Hochschulen im Ausland).
Der Jahresbericht, der über die Arbeit des DAAD und mögliche Perspekti-
ven informiert, kann kostenlos angefordert werden.

Deutscher Akademischer Austauschdienst
Geschäftsstelle Bad Godesberg
Kennedyallee 50, 53175 Bonn
Tel. 02 28 / 8 82-0, Fax 02 28 / 8 82-444
E-Mail: postmaster@daad.de
www.daad.de

DAAD
„Berliner Künstlerprogramm"
Im Wissenschaftsforum am Gendarmenmarkt
Markgrafenstraße 37, 10117 Berlin
Tel. 030 / 20 22 08-0, Fax 030 / 20 41 267
E-Mail: BKP.Berlin@daad.de

Nur für Anfragen aus Australien:
Study Information Centre
Dr. Susanne Scharnowski
c/o Goethe-Institut Inter Nationes
448 St Kilda Road, Melbourne VIC 3004
Tel. 03 / 98 64 89 160, Fax 03 / 98 64 89 88
E-Mail: daadmelb@ozemail.com.au

Tipp!
Eigeninitiative lohnt sich oft. Um aktiv auf potenzielle Arbeitgeber zuzugehen, sollte man sich übers Internet und aus den hier vorgestellten Publikationen die Anschriften von interessanten Unternehmen, Organisationen, Behörden etc. besorgen und einfach schriftlich oder telefonisch vorfühlen, ob kurz- oder mittelfristig eine Stelle vakant wird.
Ein Blick in die Gelben Seiten (auch www.yellowpages.com.au) ermöglicht den Zugang zu privaten Arbeitsvermittlern (s. unter *„Employment Services"*).
Um notwendige Details zu Anforderungen an oder Voraussetzungen für seinen Beruf in Erfahrung zu bringen, wendet man sich vorab an die australische Einwanderungsbehörde. Eine Anfrage bei den Arbeitsministerien der Bundesstaaten und Territorien hilft ebenfalls weiter.

Soziale Sicherheit

Genügend Startkapital (oder zumindest ein finanzkräftiger *sponsor*) ist eine wesentliche Voraussetzung für die Übersiedlung nach Australien. Einwanderer haben zunächst keinen Anspruch auf die meisten **Sozialleistungen**, wie etwa Arbeitslosengeld (Details s. *V./Registrierung bei Centrelink*). Bei Fragen zu diesem Thema sind die Auskunfts- und Beratungsstellen für Auswanderer und Auslandstätige (s. *II./Informationsquellen*) geeignete Ansprechpartner. Sozusagen direkt an der Quelle informiert man sich schnell und konkret über die Webseiten von Centrelink: www.centrelink.gov.au.

Ein wesentlicher Punkt in diesem Zusammenhang ist die Absicherung im Alter durch eine **Rente**.
Im Normalfall muss man zehn Jahre in Australien gelebt haben, bevor man dort die Berechtigung für eine Altersrente erlangt. Das ist geltendes Recht. Entschärfungen dieser Regel können Nutznießer eines internationalen Sozialabkommens betreffen. Was Ihre Rentenansprüche in Deutschland betrifft, sollten Sie diese rechtzeitig vor Ihrer Auswanderung ermitteln lassen und sich überlegen, in welcher Form Sie sie geltend machen wollen (z.B. Auszahlung). Die Bundesversicherungsanstalt für Angestellte berät Sie zu Ihrer Rentensituation im Ausland.
2000 wurde in Canberra ein Sozialabkommen zwischen den Regierungen Deutschlands und Australiens unterzeichnet, das im März 2003 in Kraft getreten ist und die Regelung von Rentenzahlungen vorsieht. Betroffen von dieser wechselseitigen Vereinbarung sind Alters-, Witwen- und Vollwaisenrenten sowie Leistungen für Berufsunfähige und Behinderte und Pflegeleistungen. Auch mit Österreich besteht ein solches Abkommen, Australien und die Schweiz verhandeln noch. Infos: www.facs.gov.au/international. In Deutschland informiert zu diesem Thema die BfA, kostenloses Info-Telefon: 0800-3 33 19 19, www.bfa.de. Schweizer und Österreicher sollten die jeweiligen Rentenversicherer ihrer Länder ansprechen.

Bundesversicherungsanstalt für Angestellte
Büro für Internationale Zusammenarbeit
Ruhrstraße 2, 10704 Berlin
Tel. 030 / 86 52 19 30
E-Mail: christian.lais@bfa-berlin.do

Ein weiterer unvermeidbarer Weg führt zur örtlichen **Krankenkasse**. Gesetzliche Krankenversicherer in Deutschland erbringen für Australien keine Leistungen. Sie haben folglich keinen Versicherungsschutz mehr, sobald Sie das Land verlassen. Die Zeit, bis Sie sich in Australien bei Medicare angemeldet haben (Details s. *V./Erste Schritte*), kann mit einer privaten Versicherung überbrückt werden. Lassen Sie sich von Ihrer Krankenkasse über die Möglichkeiten beraten. Auch Privatversicherten empfiehlt sich das persönliche Gespräch mit einem Mitarbeiter ihrer Versicherung.

Kündigungen –Verträge, Wohnung, Arbeitsplatz

Überall dort, wo Versicherungen gekündigt, Verträge aufgelöst werden müssen, ist in der Regel auf die Einhaltung einer vorher vereinbarten Frist zu achten. Dabei spielt es keine Rolle, ob es sich um die Kündigung einer Haftpflichtversicherung, einer Arbeitsstelle oder das Lösen eines Mietverhältnisses dreht.

Stellen Sie alle erforderlichen Unterlagen zusammen und verschaffen Sie sich Klarheit über die mit den jeweiligen Vertragsabschlüssen verbundenen Konditionen. Sobald Ihnen seitens der australischen Einwanderungsbehörde schriftlich die Genehmigung eines Visums mitgeteilt wird, können Sie Ihre Kündigungsschreiben aufsetzen.

Ein Gespräch mit Versicherern, Vermietern etc. lässt in einem für Sie sehr ungünstigen Fall (z.B. weil Sie als langjähriger Mieter einer Wohnung an besonders lange Kündigungszeiten gebunden sind) vielleicht einen Kompromiss zu.

Verkäufe –Mobiliar, Auto, Haus

Wie viel jeder Einwanderer beim Umzug von seiner persönlichen Habe zurücklässt, ist individuell verschieden. Wenn Sie sich entschließen, Mobiliar zu veräußern und die entsprechenden Stücke später in Australien neu zu erwerben, bedenken Sie bitte, dass Sie hierzulande für Gebrauchtes (auch wenn es qualitativ hochwertig ist) oft nur noch ein paar Euro bekommen. Die Differenz zum Neukauf sollte im Budget eingeplant sein.

Vom Auto sollte man sich sinnvoller Weise trennen, da es in technischer Hinsicht nicht australische Standards erfüllt (s. auch *VI./Unterwegs in Australien*). Dort fährt man auf der linken Straßenseite, und der Fahrer sitzt im Auto rechts. Für den Erwerb eines Neuwagens muss man in Australien allerdings tief in die Tasche greifen, aber auch Gebrauchte haben ihren Preis. Am günstigsten kommt man beim Kauf eines gebrauchten australischen Modells weg.

Als Eigentümer eines Hauses bleibt Ihnen als Alternative zum Verkauf die Möglichkeit, Ihren Besitz zu vermieten. Das scheint nicht unvernünftig in weiser Voraussicht auf eine eventuelle Rückwanderung, setzt aber voraus, dass es eine Person gibt (z.B. ein Angehöriger), in deren Hände Sie vertrauensvoll alle Angelegenheiten rund um Ihr Haus legen wollen (z.B. Instandhaltung, Reparaturen, Suche nach neuen Mietern, evt. späterer Verkauf etc).

Wichtige Dokumente

Die Originale von Zeugnissen, Urkunden und Dokumenten sollten auf gar keinen Fall in den Tiefen des Umzugscontainers entschwinden. Der beste Platz für wichtige Unterlagen ist immer noch das Handgepäck. Auch der Koffer, den Sie beim Abflug aufgeben müssen, eignet sich als Aufbewahrungsort nur bedingt, schließlich gehen immer mal wieder Gepäckstücke verloren.

Sinnvoll ist es, seine Dokumente vor der Abreise übersetzen zu lassen und mehrere Kopien anzufertigen. Woran u.a. zu denken ist:
– Geburtsurkunde
– Heiratsurkunde
– ggf. Scheidungsurkunde
– Sterbeurkunde (wenn Sie verwitwet sind)
– Schulzeugnisse bzw. Schulabschlusszeugnisse
– Abschlüsse von Hoch- bzw. Fachhochschulen, Berufsausbildung
– Fachqualifikationen
– Arbeitsreferenzen
– ärztliche Unterlagen
– Impfpässe
– internationaler Führerschein, ohne den man in Australien nicht Auto fahren darf, und Heimatführerschein
– gültige Pässe

Transport des Umzugsguts
Verschiffung per Container

Um Spediteure, die international agieren und Frachten nach Australien verschiffen können, sollte man sich frühzeitig kümmern. Am besten kontaktiert man verschiedene Unternehmen und lässt sich jeweils einen Kostenvoranschlag machen. Um eine möglichst objektive Vorstellung der Preise zu bekommen, achtet man am besten darauf, dass die Angebote vergleichbare Leistungen einschließen: z.B. Transport der Fracht per Schiff *und* Weiterbeförderung vom Hafen zum endgültigen Bestimmungsort (oder unter Umständen zu einer provisorischen Unterkunft, falls noch keine geeignete Wohnung bezogen wurde, wenn das Umzugsgut nach etwa einem Monat in Australien eintrifft). Bei der Entscheidung für eine Firma sollten nicht allein die Kosten ausschlaggebend sein, sondern Qualität und Leistungsumfang des Angebots. Je weniger man (zu einem akzeptablen Preis) selbst regeln muss, desto besser. Man spart sich beispielsweise einiges an Mühe, wenn der Spediteur sich bei der Ankunft des Containers im Hafen um die Zoll- und Quarantänefreigabe kümmert.

Die beauftragte Firma sollte schließlich mit allen notwendigen, den Umzug betreffenden Informationen versorgt werden.

Zoll und Quarantäne

In Australien gelten strikte Zoll- und Quarantänevorschriften zum Schutz von Mensch und Umwelt. Bei Zuwiderhandlung drohen unter Umständen empfindliche Geldstrafen oder gar mehrjährige Haft.

An dieser Stelle sollen die sehr umfangreichen Zoll- und Quarantänevorschriften nur angerissen werden. Auf jeden Fall sollte man bei der DIMA das Merkheft „Australische Zollinformationen" anfordern und genauestens die dort aufgelisteten Bestimmungen befolgen.

Sehr zweckmäßig ist die Anfertigung einer Umzugsliste: Darauf hält man schriftlich – und zwar in englischer Sprache – sämtliche Gegenstände fest, die nach Australien mitgebracht werden (der Spediteur hilft hier weiter).

Das Hab und Gut darf fast ausnahmslos zollfrei in *down under* eingeführt werden. Viele Gegenstände unterliegen einer Deklarationspflicht. Die Mitnahme von manch anderem erfordert eine Genehmigung. Und für etliche Dinge, vor allem tierischer und pflanzlicher Herkunft, besteht ein generelles Einfuhrverbot. Die letzte Vorschrift gilt auch für lebende Tiere. Grundsätzlich dürfen Hund, Katze oder Goldhamster nicht mit nach Australien reisen. Dies ist höchstens im Rahmen einer Ausnahmegenehmigung gestattet, weshalb man diesbezüglich frühzeitig mit den zuständigen australischen Stellen in Verbindung treten sollte:

Quarantäneinformation in Sydney:
Australian Quarantine Inspection Service
Fax 00 61 / 2 / 93 64 73 40

Zollinformation in Sydney:
Customs Department
Tel. 00 61 / 2 / 62 75 66 66
E-Mail: information@customs.gov.au

Die Einhaltung der Zoll- und Quarantänevorschriften empfiehlt sich allein deshalb, weil verbotene Gegenstände, die im Umzugsgut oder Gepäck gefunden werden, in der Regel auf der Stelle konfisziert und vernichtet werden.

Im Internet gibt es unter den folgenden Adressen Informationen:
www.immi.gov.au/visitors
www.customs.gov.au (Webseite von Australian Customs Service)

In letzter Minute

Sollten Sie niemanden kennen, der Sie aufnehmen kann, bis eine eigene Wohnung gefunden und der Container an seinem Bestimmungsort eingetroffen ist, kümmern Sie sich noch von zu Hause rechtzeitig um eine vorübergehende **Unterkunft**. Vom Motel über Guesthouses bis zur Jugendherberge reicht die Palette und bietet für jeden Geldbeutel das Passende (s. *VI./Nützliches von A-Z/Unterkünfte*).

An das Buchen der **Flüge** (besser nicht erst in der letzten Minute) denken! Vom künftigen Wohnort sollte man sich rechtzeitig Stadtpläne besorgen, und Bekannten sowohl in der alten als auch in der neuen Heimat mitteilen, unter welcher Adresse und Telefonnummer man erreicht werden kann.

Nach Abschluss der üblichen Umzugsformalitäten (z.B. Abmelden beim Einwohnermeldeamt, Abbestellen der Zeitung etc.), sind zu guter Letzt noch die **Bankgeschäfte** zu regeln. Die Auflösung eines Girokontos sollte allerdings nicht eher erfolgen, bis geklärt ist, auf welchem Weg das Kapital auf das noch einzurichtende australische Konto transferiert werden soll oder wie die Abwicklung noch anstehenden Zahlungsverkehrs (z.B. Nachforderungen oder Rückerstattungen vom Stromanbieter) vonstatten gehen soll. Die Hausbank hilft hier weiter. Daueraufträge sollten allerdings gekündigt und Einzugsermächtigungen widerrufen werden. Einige große deutsche Banken haben Niederlassungen in Australien: so die Deutsche Bank und die Dresdner Bank in Melbourne und Sydney (s. *V./Erste Schritte*).

Ø **Checkliste: letzte Vorbereitungen vor der Auswanderung**

O Dokumente übersetzen lassen, Originale und Übersetzung ins Handgepäck:
  O Geburtsurkunde
  O ggf. Heirats-, Scheidungs- oder Sterbeurkunde
  O Zeugnisse, Fachqualifikationen, Referenzen
  O ärztliche Unterlagen, Impfpässe
  O internationaler Führerschein, Pässe
O Unterkunft in Australien für die erste Zeit organisieren
O Stadtpläne besorgen
O Flüge buchen
O Abmeldung beim Einwohnermeldeamt
O Daueraufträge/Einzugsermächtigungen kündigen

V. Am Ziel –wichtige Tipps

Endlich angekommen! Nach einer anstrengenden, knapp zweitägigen Anreise (reine Flugzeit über 20 Stunden) führt der erste Weg entweder ins Hotel, das hoffentlich bereits von zu Hause gebucht wurde, oder zu Freunden und Familie, die bereit waren, den Neu-Australiern eine vorübergehende Bleibe anzubieten.
Sobald man sich etwas akklimatisiert hat, wartet jede Menge Organisatorisches auf Erledigung. Ganz wichtig ist der Gang zur Beratungsstelle der nächstgelegenen Einwanderungsbehörde, wo sich die Neuankömmlinge melden müssen: Hier erwartet sie ein vielseitiges Hilfsangebot für ihren Start in Australien (z.B. bekommt man so die Adressen der relevanten lokalen Behörden).

Büros der DIMA befinden sich in allen Bundesstaaten und Territorien:

New South Wales:
Chifley Square, Sydney NSW 2000
2-4 Pacific Street, Newcastle NSW 2300
86-88 Market Street, Wollongong NSW 2500
Australian Capital Territory:
Benjamin Offices
Chan Street, Belconnen ACT 2617
Queensland:
167 Eagle Street, Brisbane QLD 4000
440 Flinders Street, Townsville QLD 4810
Northern Territory:
Block 6, Mitchell Street, Darwin NT 5790
Victoria:
Latrobe Street, Melbourne VIC 3000
61 Brougham Street, Geelong VIC 3220
Tasmania:
188 Collins Street, Hobart TAS 7000
South Australia:
150 North Terrace, Adelaide SA 5000
Western Australia:
1260 Hay Street, West Perth WA 6005

Die eigenen vier Wände

Da nur die wenigsten auf Dauer gerne in beengten und unpersönlichen Hotelzimmern logieren oder die Großzügigkeit der Verwandtschaft überstrapazieren möchten, wird es bald Zeit, eine dauerhafte Bleibe zu suchen. Wo man sich niederlässt, in der quirligen Betriebsamkeit der Innenstädte oder doch lieber in der ruhigen Beschaulichkeit des Landlebens, ist Geschmackssache. Die Entscheidung wird nicht zuletzt aufgrund der ganz persönlichen Situation fallen. Egal worauf die Wahl fällt, eine gesunde Infrastruktur muss der neue Wohnort aufweisen: Einkaufsmöglichkeiten, öffentliche Verkehrsmittel, Schulen, Sport- und Freizeitangebote. Und befindet sich das Domizil dann auch noch in kurzer Distanz zum Meer oder einem Naherholungsgebiet, bleiben wohl kaum noch Wünsche offen.

Ist der Kauf einer Wohnung oder eines Hauses geplant, sollte dieses Vorhaben sinnvoller Weise auf später verschoben werden, auch wenn dies einen nochmaligen Umzug bedeutet. Schließlich muss eine so weitreichende Aktion von langer Hand geplant werden und verschlingt viel Zeit. Und zu Beginn gibt es einfach Dringenderes zu erledigen.

Mietwohnungen

Unter „to let" findet sich gewöhnlich in den Mittwochs- und Samstagsausgaben der Tageszeitungen das örtliche Angebot an Mietobjekten. Soll es zum Vertragsabschluss kommen, muss man die folgenden für Australien typischen Gepflogenheiten kennen: Neben der Hinterlegung einer Art Kaution (*security bond*), die uns ja vertraut ist und nach Auflösung des Mietverhältnisses zurückgegeben wird, wird verlangt, die Miete für mehrere Wochen im Voraus zu bezahlen und oftmals auch noch zwei Referenzen vorzulegen (im Notfall an das nächste *Migrant Resource Centre* wenden).

For Sale

Eigentumsobjekte werden in der Sparte „Real Estate" der Tageszeitungen angeboten. Ein Kauf ist sowohl über private Kontakte möglich als auch durch die Vermittlung eines Immobilienmaklers (*Real Estate Agent*).

Hausbau

Ein Hausbau ist eine nervenaufreibende und langwierige Angelegenheit – das wird jeder bestätigen, der sich dieser Herausforderung schon einmal gestellt hat. Und in Australien ist das auch nicht anders. Am besten lässt man sich viel Zeit bei der Entscheidung, wo gebaut und welchen Personen bzw. Firmen diese Aufgabe anvertraut werden soll. Alle für ein solches Projekt relevanten Berufsgruppen – Makler, Rechtsanwälte, Architekten, Rohbauer, Dachdecker, Elektriker etc. –, aber auch Baufirmen und finanzieren-de Banken findet man über die Gelben Seiten des Telefonbuchs. Beim Kauf oder Bau eines Hauses ist unbedingt ein Rechtsanwalt einzuschalten.

Erste Schritte
Eröffnung eines Bankkontos

Es gibt natürlich eine stattliche Anzahl an Banken in Australien. Die größ-ten sind ANZ Bank, National Australia Bank und Commonwealth Bank; daneben haben auch einige deutsche Häuser Niederlassungen in australi-schen Großstädten. Bevor man sich für eine Bank entscheidet, bei der man ein Girokonto (*cheque account*) und/oder Sparkonto (*savings account*) eröffnen will, sollte man sich über die Konditionen wie Gebühren und Guthaben- bzw. Überziehungszinsen erkundigen. Um ein Konto ein-zurichten, müssen Sie sich ausweisen können (Pass und ggf. zusätzliche Papiere mitnehmen!). Einige deutsche Banken in Australien:

Deutsche Bank Australia
Level 23, 333 Collins Street, Melbourne VIC 3000
Tel. 03 / 92 70 41 47, Fax 03 / 92 70 44 03
225 George Street, Grosvenor Place, Level 18, Sydney NSW 2000
Tel. 1300 656 287 (gebührenfrei in Australien), Fax 02 / 92 58 22 58
www.australia.db.com

Dresdner Kleinwort Wasserstein Australia Ltd.
367 Collins Street, Melbourne VIC 3000
Tel. 03 / 96 29 81 64, Fax 03 / 96 29 61 41
Level 20, 2 Market Street, Sydney, NSW 2000
Tel. 0061 / 2 / 92 86 20 88, Fax 0061 / 2 / 92 86 20 98

Citibank
GPO Box 40, Sydney NSW 2001
Tel. 13 24 84, Fax 1300 30 12 49 innerhalb Australiens
Tel. 0061 / 7 / 33 10 60 15 (R-Gespräch arrangieren)
Fax 0061 / 2 / 82 25 53 06, www.citibank.com.au

Australische Banken mit Sitz in Deutschland:

ANZ Banking Group Ltd.
Hamburger Allee 2-10, 60486 Frankfurt a. M.
Tel. 069 / 71 00 08-0, Fax 069 / 71 00 08-21, www.anz.com

Macquarie Bank
Beethovenstr. 18, 60325 Frankfurt
Tel. 069 / 74 74 97 10, Fax 069 / 74 74 97 97
und: Promenadenplatz 8, Gartenhaus 2. Stock, 80333 München
Tel. 089/ 29 05 30, Fax 089 / 2 90 53 20
www.macquarie.com

Anmeldung bei Medicare

Damit man im Krankheitsfall nicht auf den Kosten für in Anspruch genom-
mene ärztliche Leistungen sitzen bleibt, sollte man sich schnellstmöglich
nach seiner Ankunft in Australien in einem Büro von Medicare einfinden,
um sich registrieren zu lassen (Pass mitnehmen). Im Normalfall bekommt
man nach etwa drei Wochen seine Medicare-Karte zugeschickt. In Australien ist Medicare telefonisch erreichbar unter: Tel. 13 20 11 (Ortstarif).
Informationen über Medicare bekommt man unter folgender Adresse:

Medicare Eligibility Section, Health Insurance Commission
134 Reed Street North, Greenway ACT 2900
PO Box 1001, Tuggeranong ACT 2901
Tel. 0061 / 2 / 61 24 63 33, Fax 0061 / 2 / 61 24 62 22
E-Mail: hic.info@hic.gov.au, www.hic.gov.au

Im Rahmen einer staatlichen Gesundheitsvorsorge hat Australiens Regierung Medicare Mitte der 1980er Jahre ins Leben gerufen, um eine medizinische Grundversorgung für alle Einwohner des Landes zu gewährleisten.
Medicare ist mit unseren gesetzlichen Krankenkassen vergleichbar und
finanziert sich über Steuereinnahmen (der Anteil jedes Einzelnen richtet
sich nach seinem Verdienst, sozial Schwache müssen nichts bezahlen). Es
übernimmt u.a. Kosten für notwendige ärztliche Behandlungen sowie die
Unterbringung in öffentlichen Krankenhäusern. Für einige Leistungen muss
man einen Eigenanteil tragen. Eine Reihe ärztlicher Versorgungsleistungen,
wie etwa Zahnbehandlungen oder Psychotherapie, aber auch Aufwendungen für Krankentransporte u.a. werden durch Medicare allerdings nicht
abgedeckt.
Ein erweitertes Leistungsspektrum bieten dagegen die privaten Kranken-
versicherungsgesellschaften (*private health insurance funds*), deren weit-
getachertes Angebot von vielen Australiern in Anspruch genommen wird.
Sie können sich hier voll versichern oder ergänzend zu Medicare sogenannte Zusatzversicherungen abschließen. Ein Vergleich der Anbieter und
ihrer Leistungen lohnt sich!

Exkurs: Wohin im Krankheitsfall?

Die medizinische Versorgung in Australien ist sehr gut und funktioniert sogar in abgelegensten Gegenden, wo der *Royal Flying Doctor Service* über Funk angefordert werden kann. Die überwiegende Mehrheit der Australier lebt jedoch in Städten, wo eine entsprechende Auswahl an Ärzten und Krankenhäusern besteht. Was bei uns der Hausarzt, ist für die Australier der *general practitioner* (GP, aufgeführt in den Gelben Seiten des Telefonbuchs unter *medical practitioners*). Ist eine Mit- oder Weiterbehandlung durch einen Facharzt oder Spezialisten erforderlich, benötigt man eine Überweisung des GP. Im Notfall finden Sie Hilfe unter der Telefonnummer: 000.

Arbeiten in *down under*
Auf Jobsuche

Einmal in Australien angekommen, ergeben sich neben dem obligatorischen Blick in den Stellenmarkt der Tageszeitung (mittwochs und samstags), ins Internet und die Gelben Seiten des Telefonbuchs noch eine Reihe anderer Möglichkeiten, einen Arbeitsplatz zu finden (s. auch *IV./Arbeitssuche von zu Hause*).

Bei den folgenden Einrichtungen sollte man sich anmelden bzw. eintragen:
– **Migrant Resource Centre** oder **Migrant Service Agency** (Vermittlung von Stellen und Hilfe beim Anfertigen von Bewerbungsschreiben),
– **Career Centre** (Hinweise zu geeigneten Unternehmen),
– **Arbeitsamt**,
– **Centrelink** (Unterstützung bei der Jobsuche und Bereitstellung nützlicher Dienste).

Meldung bei der Steuerbehörde

Wer Geld verdient, muss auch Einkommenssteuer bezahlen, das ist in Australien nicht anders als hierzulande. Informationen über notwendige erste Schritte – z.B. Anmeldung, *Tax File Number*, Einstufung in Steuerklasse, Einkommenssteuererklärung etc. – erhält man von der australischen Steuerbehörde (*Australian Taxation Office*) persönlich (Adressen s. Telefonbuch) oder über folgende Rufnummern:

Tel. 13 28 61 *(Personal Tax Enquiries)*
Tel. 13 28 61 *(Business Tax Enquiries)*
Tel. 0061 / 2 / 62 16 11 11 (8.30-4.45 Uhr austral. Zeit für Anfragen außerhalb Australiens), Fax 0061 / 62 16 28 30
www.ato.gov.au

Um sich im australischen Steuerdschungel zurechtzufinden, benötigt man allerdings die Hilfe eines Steuerberaters.

Registrierung bei Centrelink

Für Einwanderer ist die staatliche Einrichtung Centrelink eine wichtige Anlaufstelle. Hier sollten sich alle anmelden, die noch auf der Suche nach einem Arbeitsplatz sind. Centrelink verfügt über verschiedenste Möglichkeiten der Unterstützung, z.B. über *Job Network*: einen Verbund privater, öffentlicher und staatlicher Organisationen, der einige hervorragende Dienste (*Job Matching*, *Job Search Training* etc.) anbietet.

In den Geschäftsstellen von Centrelink (Adressen s. www.centrelink.gov.au oder Gelbe Seiten) steht Arbeitslosen das nötige Rüstzeug für die Stellensuche zur freien Verfügung: Telefone, Faxgeräte, Computer u.a. Um eine Terminabsprache wird gebeten (Tel. 13 16 73 kostenlos innerhalb Australiens).

Soziale Sicherheit

Bei Centrelink laufen quasi die Fäden zusammen, aus denen das soziale Netz des Landes gesponnen ist. Sozial schwach gestellten und bedürftigen Menschen werden über zahlreiche Sozialprogramme Zuwendungen gewährt.

Diese Einrichtung greift jedoch noch nicht bei Ankunft in Australien. Einwanderer unterliegen einer zweijährigen Wartezeit, bevor ihnen der Empfang der meisten Sozialleistungen zusteht.

Informationen über Sozialleistungen können angefordert werden über:
International Services, Centrelink
GPO Box 273C, Hobart TAS 7001, Australia
Tel. 13 12 02 (mehrsprachiger Informationsdienst innerhalb Australiens)
Tel. 0800 18 02 482 (kostenlos aus Deutschland)
Tel. 0061 / 3 / 62 22 34 55 (R-Gespräch arrangieren)
Fax 0061 / 3 / 62 22 28 08
E-Mail: internationalservices@centrelink.gov.au
www.centrelink.gov.au

Australiens Bildungssystem

Ein Vergleich deutscher und australischer Ausbildungsstrukturen zeigt sowohl Gemeinsamkeiten als auch Unterschiede auf. Was die Parallelen

betrifft, so springt vor allem der ebenfalls dreistufige Aufbau des Bildungs-
systems ins Auge: Grundschule, weiterführende Schule und schließlich
Hochschule oder alternativ dazu Berufsausbildung.
Anders als bei uns ist der hohe Anteil an Privatschulen (Schulgebühren)
auffällig, in denen knapp ein Drittel der australischen Schüler unterrichtet
wird. Auch werden im Bereich öffentlicher Schulen die Eltern viel stärker
zur Kasse gebeten als hierzulande (z.B. Kosten für Schuluniform).

Schule

Der Ernst des Lebens beginnt für alle Fünfjährigen unausweichlich mit der
Einschulung in die Grundschule (*Primary Education*), in der sie für gewöhn-
lich dann sechs Jahre lang unterrichtet werden.
Mit dem Ende der Grundschulzeit ist ein Wechsel auf die sogenannte
Sekundarschule (*Secondary Education*) oder *High School* verbunden. Die
Ausbildung endet hier spätestens mit Abschluss der 12. Klasse (Schul-
pflicht besteht jedoch nur bis zum 16. Lebensjahr).
Wer die Sekundarschule nach dem 10. Schuljahr verlässt, kann im Idealfall
seine schulische Laufbahn an einer berufsbildenden *Technical and Further
Education*-Einrichtung (TAFE) fortsetzen oder auch eine Lehre machen.
Studieren (Universität bzw. Fachhochschule) kann nur, wer ein *Senior
School Leaving Certificate* (bestandene Prüfung in Klasse 12 der Sekun-
darschule) oder einen vergleichbaren Schulabschluss vorweisen kann.
Eltern, die ihre Kinder gern auf eine deutsche Schule schicken wollen, können dies nur in Sydney tun: auf die Johannes Gutenberg Schule, eine Pri-
vatschule, die sich u.a. über Schulgebühren finanziert.

German School Sydney Johannes Gutenberg
74 Belmore Street, Ryde NSW 2112
Tel. 02 / 98 09 50 01, Fax 02 / 98 09 56 03
E-Mail: info@germanschoolsydney.com, www.germanschoolsydney.com

Informationen zu Schulen in Australien erteilen die Schulbehörden (*State
Departments of Education*) der Bundesstaaten und Territorien:
www.dest.gov.au

New South Wales:
NSW Department of Education and Training
35 Bridge Street, Sydney NSW 2000
Tel. 02 / 95 61 80 00
www.schools.nsw.edu.au

Australian Capital Territory:
ACT Department of Education and Community Services
186 Reed Street, Greenway ACT 2900
Tel. 02 / 62 07 51 11, Fax 02 / 62 05 93 33
E-Mail: decs.webmaster@act.gov.au
www.decs.act.gov.au

Queensland:
Education Queensland
PO Box 15033, City East, QLD 4002
30 Mary Street, Brisbane QLD 4000
Tel. 07 / 32 37 01 11
www.education.qld.gov.au

Northern Territory:
NT Department of Education
GPO Box 4821, Darwin NT 0801
Tel. 08 / 89 24 44 52, Fax 08 / 89 24 44 50
E-Mail: infocentre.deet@nt.gov.au, www.education.nt.gov.au

Victoria:
The Department of Employment, Education and Training
2 Treasury Place, East Melbourne VIC 3002
Tel. 03 / 96 37 22 22, Fax 03 / 96 37 32 60
www.det.vic.gov.au

Tasmania:
Department of Education
Deputy Secretary (Schools and Colleges)
GPO Box 169, Hobart TAS 7001
5th Floor, 116 Bathurst Street, Hobart TAS 7000
Tel. 1300 135 51 3, Fax 03 / 62 31 15 76
E-Mail: education.tas.gov.au
www.education.tas.gov.au

South Australia:
The Department of Education, Training and Employment
GPO Box 1152, Adelaide SA 5001
Tel. 08 / 82 26 15 27, Fax 08 / 82 26 12 34, Freecall: 1800 08 81 58
E-Mail: decscustomers@saugov.sa.gov.au, www.decs.sa.gov.au

Western Australia:
The Education Department of Western Australia
151 Royal Street, East Perth WA 6004
Tel. 08 / 92 64 41 11, Fax 08 / 92 64 50 05, www.eddept.wa.edu.au

Über private Schulen erteilen die Privatschulverbände (*Associations of Independent Schools*) Auskunft:

New South Wales:
StudentNet Limited
Level 4, 99 York Street, Sydney NSW 2000
Tel. 02 / 92 99 28 45, Fax 02 / 92 90 22 74
E-Mail: manager@studentnet.edu.au, www.studentnet.edu.au

Australian Capital Territory:
12 Thesiger Court, Deakin ACT 2600
Tel. 02 / 62 41 24 29, Fax 02 / 62 41 59 23
E-Mail: aisact@ais.act.edu.au, www.ais.act.edu.au

Queensland:
1st Floor, 96 Warren Street, Spring Hill QLD 4000
Tel. 07 / 32 28 15 15, Fax 07 / 32 28 15 75
E-Mail: office@aisq.qld.edu.au, www.aisq.qld.edu.au

Victoria:
20 Garden Street, South Yarra VIC 3141
Tel. 03 / 98 25 72 00, Fax 03 / 98 26 60 66
E-Mail: aisv@ais.vic.edu.au, www.ais.vic.edu.au

Tasmania:
PO Box 616, Sandy Bay TAS 7006
Tel. 03 / 62 24 01 25, Fax 03 / 62 24 01 74
E-Mail: aist@tassie.net.au
www.aist.tas.edu.au

South Australia:
301 Unley Road, Malvern SA 5061
Tel. 08 / 81 79 14 00, Fax 08 / 83 73 11 16
E-Mail: office@ais.sa.edu.au
www.ais.sa.edu.au

Western Australia:
Suite 3, 41 Walters Drive, Osborne Park WA 6017
Tel. 08 / 92 44 27 88, Fax 08 / 92 44 27 86
E-Mail: aiswa@ais.wa.edu.au
www.ais.wa.edu.au

Zusätzliche Informationen über öffentliche und private Schulen können Sie über das Internet abrufen:
www.studyinaustralia.gov.au
www.edna.edu.au (*Education Australia Network*)
www.ncisa.edu.au (*National Council of Independent Schools of Australia*)

Studium

Australien verfügt über zahlreiche Universitäten. Die Hochschulen verteilen sich über alle Bundesstaaten und Territorien, die größte Dichte besteht allerdings in New South Wales, gefolgt von Victoria.
Durchschnittlich studiert man an einer australischen Uni etwa fünf Jahre. Die Dauer des Studiums hängt aber auch hier ganz vom eigenen Tempo des Studierenden und vom angestrebten Abschluss ab (*bachelor*, *master*, *doctor*).
Eher praktisch ausgerichtet verläuft ein Studium an einer der zahlreichen Fachhochschulen (*College of Advanced Education*).

In Deutschland werden alle australischen Universitäten vertreten durch das Institut Ranke-Heinemann mit Büros in Essen und Berlin. Das ist die erste Anlaufadresse für Fragen rund ums Studium in Australien. Ein Kurzporträt zu jeder Hochschule mit Verlinkung findet man auf den Internet-Seiten des Instituts:

Institut Ranke-Heinemann
Büro Essen: Schnutenhausstraße 44, 45136 Essen
Tel. 0201 / 25 25 52, Fax 0201 / 26 75 53
Bürozeiten: Mo - Fr 9–17 Uhr
Büro Berlin: Postadresse: Internationales Handelszentrum,
Friedrichstraße 95, 10117 Berlin
Besucheradresse: Georgenstr. 35, 7. Etage, 10117 Berlin
Tel. 030 / 2096 2959, Telefonische Sprechzeiten: Mo   Fr 9–17 Uhr
persönliche Sprechzeiten: Di - Do 14–17 Uhr
E-Mail: info@ranke-heinemann.de
www.ranke-heinemann.de

VI. Wissen für die Praxis

Unterwegs in Australien

Was man schnell vergisst – Australien ist nicht nur einfach ein Land, sondern ein ganzer Kontinent. Die riesigen Entfernungen werden leicht unterschätzt. Was innerhalb größerer Städte völlig unkompliziert erscheint, kann sich in entlegenen Gegenden zu einem echten Problem auswachsen: die Wahl des geeigneten Verkehrsmittels. In *down under* ist man auch ohne Auto gut unterwegs, zumindest dann, wenn man die verschiedenen Möglichkeiten kennt und richtig nutzt.

Mit dem Auto

In außerstädtischen oder gar einsamen Gebieten ist die praktischste Art der Fortbewegung sicherlich die mit dem Auto.

Leihwagen

Bis das eigene Fahrzeug in der neuen Heimat eintrifft oder man ein Auto in Australien gekauft hat, egal ob neu oder gebraucht, ist ein Mietwagen – zumindest für die erste Zeit – bestimmt nicht die schlechteste Alternative. Um ein Auto zu mieten, muss man über 21 Jahre alt sein und den Führerschein vorzeigen können (s.u. *Führerschein*).

Regionale Vermieter bieten oft wesentlich günstigere Tarife als große Niederlassungen – es lohnt sich, die Anzeigen in den Tageszeitungen zu studieren. Der Vorteil großer Firmen liegt darin, dass man meist einen Wagen *hier mieten, dort abgeben* kann, oft allerdings gegen Aufpreis. Zu den großen Autovermietern in Australien gehören unter anderem *Budget, Thrifty, Avis, Hertz* und *Dollar*. Sie haben Filialen im ganzen Land, die Adressen finden sich in den Gelben Seiten des Telefonbuchs.

Wer weite Strecken zurücklegen will, sollte unbedingt auf *unlimited mileage* oder *flat rate* achten (kein Kilometergeld). Meist ist eine Vollkasko- und Haftpflichtversicherung im Mietpreis enthalten, jedoch oft mit unterschiedlich hoher Eigenbeteiligung. Deren Höhe kann mit einer Zusatzversicherung eingeschränkt werden. Bei besonders günstigen Angeboten sind manchmal nur Personenschäden beim Unfallgegner, nicht aber Sachschäden am eigenen oder fremden Auto abgedeckt. Eine Versicherung dafür muss dann zusätzlich bezahlt werden. Auch Superangebote mit enorm niedrigen Tagessätzen sind mit Vorsicht zu genießen, denn oft wird ein hohes Kilometergeld aufgeschlagen. Normalerweise muss eine Kaution in Höhe der Eigenbeteiligung hinterlegt werden, die man zurückbekommt, wenn der Wagen unbeschädigt und sauber (Reinigungsgebühr) zurückgegeben wird.

Die Mietpreise richten sich nach Fahrzeugtyp und Mietdauer. Generell ist es günstiger, die Wagen in einer Stadt zu mieten (*Metropolitan Rates* ohne Kilometerbeschränkung). Bei Filialen auf dem Land und im Outback treten höhere *Country Rates* oder gar *Remote Rates* in Kraft, mit einer Beschränkung der freien Kilometer (Country: 200-250 km pro Tag, je nach Firma; Remote: 100 km pro Tag). Wochen- und Monatstarife sind bei allen Vermietern zu wesentlich günstigeren Konditionen zu haben.

Kauf eines Gebrauchtwagens

Wem die Anschaffung eines Neuwagens zu teuer kommt, der kann sich einen Gebrauchten zulegen.

Die Regeln sind dabei in Australien die gleichen wie bei uns: Der Kauf eines sehr billigen Wagens ist nur demjenigen zu empfehlen, der dem komplizierten Innenleben eines Automobils nicht völlig ahnungslos gegenübersteht.

Gebrauchtwagenhändler gibt es in den Städten an jeder Ecke. Günstiger fallen jedoch Angebote von Privat in den Tageszeitungen aus. Es lohnt sich grundsätzlich, vor dem Kauf die Preise der Händler und der Inserate ausführlich zu studieren, damit man eine ungefähre Vorstellung vom Preisniveau bekommt. Preisverhandlungen sind immer möglich.

Car Auctions (Autoversteigerungen) können eine wahre Fundgrube sein. Kleinwagen sind sehr begehrt und deshalb auch gebraucht teuer, am leichtesten findet man benzinfressende alte Schlitten aus australischer Produktion. Ausländische Modelle sind unverhältnismäßig teuer.

Der Vorteil eines in Australien hergestellten Autos (Holden, Ford): Für diese gängigon Fahrzeuge gibt es auf jedem Schrottplatz *(Wrecker, Scrap Yard, Junk Yard)* und an vielen Tankstellen Ersatzteile. Dies gilt bedingt auch für japanische Automarken, die in Australien stark vertreten sind.

Sowohl Neu- als auch Gebrauchtwagen sind in Australien im Vergleich zu Deutschland recht teuer, und für einen vernünftigen Gebrauchten muss man mit etwa 4000 A$ rechnen.

Folgende Ausführungen tauchen in den Inseraten auf: *Limousine* (entspricht einem ganz normalen PKW), *Station Wagon* (Kombi), *Van* (PKW mit Vordersitzen und offener Ladefläche), *Panel Van* (Van mit geschlossener Ladefläche). Sehr teuer sind Wagen mit *4-Wheel-Drive* (Vierradantrieb). Wer allerdings vorhat, viel im Zentrum Australiens, im Norden von Western

Australia oder in der Gegend um Darwin herumzufahren, kommt ohne Allradantrieb nicht weit.

Ist man letztlich stolzer Besitzer eines fahrbaren Untersatzes geworden, stehen einem jedoch noch ein paar Wege durch die Welt der Bürokratie bevor.

Kauft man bei einem Händler, erledigt dieser den Großteil des Papierkrams, kauft man privat, muss man sich um folgende Papiere kümmern, um das Auto an- oder abzumelden: *Roadworthy Certificate*, auch *rwc* genannt: Das ist die Bescheinigung einer für *rwcs* autorisierten Werkstatt, dass das Vehikel verkehrstüchtig ist (in Australien gibt es keinen TÜV). Für das *rwc* muss der Verkäufer sorgen.

Letter of Disposal und *Letter of Acquisition*: erhältlich bei der *Road Traffic Authority* (in Kleinstädten befindet sich diese in der Polizeiwache). Die Formulare sind dort ausgefüllt wieder abzugeben. Dabei werden Gebühren fällig.

Certificate of Registration: Falls der Wagen noch registriert ist, muss man nur eine Ummeldegebühr entrichten. Das *Certificate of Registration* ist eine Art Kraftfahrzeugschein, der gleichzeitig den *Transfer of Ownership* (Umschreibung) beinhaltet. Ob und wie lange das Auto noch registriert ist, kann man an einem Aufkleber auf der Windschutzscheibe erkennen, der Monat und Jahr anzeigt, an denen die Registration verfällt, beispielsweise 10/04. Muss man den Wagen neu registrieren lassen, ist dies mit erheblichen Kosten verbunden, die je nach Staat und Automodell variieren. In diesem Betrag ist die *Third Party Insurance* eingeschlossen, eine obligatorische Haftpflichtversicherung für Personenschäden. Da aber schon ein kleiner Kratzer im Fahrzeug des Unfallgegners ganz schön teuer kommen kann, besteht die Möglichkeit, außerdem noch eine freiwillige Versicherung für Sachschäden abzuschließen (z.B. in den Geschäftsstellen der Automobilclubs).

Die Mindestversicherungsdauer bei jeder Gesellschaft beträgt ein Jahr. Wird das Auto vorher verkauft oder gar verschrottet, wird der Restbetrag innerhalb von zwei Monaten per Scheck zurückerstattet.

Führerschein

Um in Australien Auto zu fahren, braucht man einen internationalen Führerschein (bei der Führerscheinstelle nachfragen) sowie den nationalen. Jedenfalls für die erste Zeit. Spätestens drei Monate nach der Ankunft muss man eine australische Fahrlizenz erwerben. Informationen dazu erteilt die australische Einwanderungsbehörde (s. *V./Am Ziel – wichtige Tipps*).

Verkehrsregeln

In *down under* herrscht Linksverkehr und Anschnallpflicht. Die Höchstge-
schwindigkeit beträgt in den Städten und Ortschaften 60 km/h – in
Western Australia und Victoria 50 km/h – und außerhalb 100 km/h (Highway) bzw. 110 km/h (Freeway). Alte Autos haben noch Tachos mit Mei-
len/h. Damit sollte man auf Highways nicht über 65, in Ortschaften nicht
über 40 fahren. Es empfiehlt sich, die Verkehrsregeln zu beachten, da
Strafzettel bereits wegen geringer Vergehen, wie z.B. Parken im Haltever-
bot, verteilt werden und je nach Staat gute 50 A$ kosten.
Einige Verkehrsregeln unterscheiden sich in den einzelnen Staaten, aber im
Großen und Ganzen sind sie den unseren so ähnlich, dass man kaum Probleme haben wird, sobald man sich an den Linksverkehr gewöhnt hat.
Eine gute Anlaufstelle für alle, die es genau wissen wollen: Die Straßen-
verkehrsordnung ist in den Büros der Automobilclubs erhältlich, die in allen
Hauptstädten der einzelnen Bundesstaaten vertreten sind. Man informiert
dort auch über Straßenzustände, die von hervorragend (in dicht besiedelten Gebieten) bis miserabel (wenn man zu den Sand- und Kiespisten im
Outback vordringt) reichen. Alle Straßen, auch die ganz schlechten, sind
übrigens sehr gut beschildert.

Fahren im Outback

Als *Outback* bezeichnet man allgemein das Gebiet abseits der großen
Städte. Das tiefste Outback sind die Wüstengegenden. Wenn Sie dort
unterwegs sind, sollten Sie sich ein allradangetriebenes Fahrzeug zulegen.
Auf den einsamen, ungeteerten Pisten ist einiges zu beachten:
Man sollte den Wagen regelmäßig auf mögliche technische Mängel durch-
checken lassen, Werkzeug und Reparaturanleitung dabeihaben, mindestens einen Ersatzreifen, möglichst auch wichtige Ersatzteile. In der Wüste
braucht der Mensch 4-8 l Wasser pro Tag. Wer länger im Outback unterwegs ist, benötigt einen großen Wassertank. (Empfehlenswert sind Tablet-
ten zur Wasserentkeimung.) Tankstellen liegen Hunderte von Kilometern
voneinander entfernt. Hat man eine Panne oder wird man von einer überfluteten Straße eingeschlossen, sollte man sich nicht zu weit von seinem
Fahrzeug entfernen, da ein Auto von einem Flugzeug aus besser entdeckt
wird als ein einzeln umherirrender Mensch. Bei Gegenverkehr auf ungeteerten Pisten sollte man die Geschwindigkeit reduzieren wegen der Stein-
schlaggefahr auf Windschutzscheibe und Scheinwerfer.
Beim Befahren einer Sandpiste ist es ratsam, mit halbem Reifendruck zu
fahren (sofern man etwas dabei hat, um die Reifen später wieder aufzu-
pumpen).

Man sollte nach Möglichkeit nur während des Tages fahren, denn man sieht mehr und es ist ungefährlicher. Vorsicht bei wassergefüllten Löchern in der Straße: Man sieht ihnen nicht an, wie tief sie sind.

Zwischen November und Februar gibt es in den zentralen und nördlichen Regionen des Kontinents häufig sintflutartige Regenfälle, die die ungeteerten Pisten für Tage überschwemmen und europäische Autofahrer im wahrsten Sinne des Wortes ins Schleudern bringen. Die besten Informationen über den Straßenzustand bekommt man von den örtlichen Polizeiwachen und Tankstellen.

Für Reisende im Outback: Auf völlig abgelegenen Strecken muss man sich bei der Polizei abmelden und die geplante Route sowie die voraussichtliche Ankunft bei der nächsten erreichbaren Polizeistation bekanntgeben. Da im Outback immer wieder Autofahrer verloren gehen, dient dies der eigenen Sicherheit; im Notfall wird man leichter gefunden. Um eine überflüssige Suchaktion zu vermeiden, sollte man nicht vergessen, sich am Ziel zurückzumelden.

All diese eindringlichen Warnungen gelten für die Pisten im Outback. Auf den geteerten Highways ist selbst in den abgelegenen Gegenden genü-

Bei Fahrten ins Outback muss auf die Ausrüstung Verlass sein

gend Verkehr, um im Falle einer Panne Hilfe zu finden, und mindestens alle 300 km gibt es eine Tankstelle mit Rasthaus.

Mit dem Bus

Linienbusse sind Australiens wichtigstes Verkehrsmittel. Sie fahren in die entlegensten Ortschaften – wenn auch oft nur einmal pro Woche. Zwischen den großen Städten verkehren dagegen täglich etliche Busse. Sie bieten mit Abstand die kostengünstigste Transportmöglichkeit. Preisvergleiche lohnen sich, denn die Konkurrenz zwischen den einzelnen Busunternehmen ist groß. Die Bustickets der meisten Gesellschaften sind in Reisebüros erhältlich.

Bei langen Fahrten oder Nachtfahrten sollte man einen Pullover im Handgepäck haben, auch wenn es draußen sehr heiß ist, denn die Klimaanlage bläst erbarmungslos.

Verspätungen und kleinere Pannen sind, vor allem auf Outbackstrecken, durchaus an der Tagesordnung.

Besonders während der Ferien zwischen Weihnachten und Anfang Februar ist rechtzeitiges Buchen unbedingt zu empfehlen. Dies gilt auch für die Besitzer von Buspässen. Diese australienweiten Netzkarten werden übrigens von zahlreichen Busgesellschaften angeboten, z.B. auch von *Greyhound Pioneer Australia*, die das größte Streckennetz innerhalb Australiens bietet.

Wichtige Busverbindungen (und Fahrzeiten)

Adelaide – Alice Springs (20 Stunden)
Adelaide – Melbourne (9,5 Stunden)
Adelaide – Perth (35 Stunden)
Adelaide – Sydney (24 Stunden)
Adelaide – Brisbane (33,5 Stunden)
Brisbane – Sydney (17 Stunden)
Darwin – Cairns (42 Stunden)
Darwin – Perth (33 Stunden)
Melbourne – Sydney (14,5 Stunden)
Melbourne – Brisbane (25 Stunden)
Sydney – Canberra (4 Stunden)
(tägliche Expressverbindungen mit Greyhound Pioneer Australia)

Mit dem Zug

Das Eisenbahnnetz, das die meisten Großstädte umgibt, ist hervorragend ausgebaut und der Zug ein optimales Nahverkehrsmittel.

Bei der Betrachtung größerer Entfernungen stellt sich das Angebot an Bahnverbindungen jedoch als bescheiden heraus. Nur die Ost- und die Südküste sind relativ gut mit Bahnlinien erschlossen. Daneben gibt es noch die Ost-West-Verbindung nach Perth und die vom Süden ins Zentrum nach Alice Springs.

Ein wesentliches Argument für den Zug: Auf langen Strecken ist er viel bequemer als der Bus (auch wenn letzterer preiswerter ist). Ähnlich den Buspässen werden auch Bahnpässe angeboten. Da manche Züge lange vorher ausgebucht sind, empfiehlt sich eine rechtzeitige Platzreservierung. Dies kann bei allen größeren Bahnhöfen erledigt werden.

Auf vielen Strecken ist Autoverladung (Motorail) möglich, was sich besonders bei der Strecke über die Nullarborebene lohnt.

Die *ROA* (Railways of Australia) ist für die Fernstrecken zuständig, während innerhalb einzelner Staaten deren eigene Bahngesellschaften verkehren. Auch sie bieten Netzkarten an.

Wichtige Bahnverbindungen

Der *Indian Pacific* ist Australiens legendäre Eisenbahn zwischen Perth und Sydney (über Adelaide). Er verbindet die beiden Ozeane, die dem Zug seinen Namen gaben. Auf dem Weg durch die Nullarborebene donnert der Indian Pacific über die längste schnurgerade Schienenstrecke der Welt – mit nicht einer einzigen Kurve auf 478 km. Er braucht für die einfache Fahrt ca. 65 Stunden und verkehrt zweimal wöchentlich.

Der *Ghan* zwischen Adelaide und Alice Springs folgte der einstigen Route der afghanischen Kameltreiber durch die Wüste und hat daher seinen Namen. Die Trasse wurde zwischen 1880 und 1929 gebaut und machte den Warentransport mit Kamelen überflüssig. Diese Strecke ist jedoch inzwischen stillgelegt.

Der neue Ghan biegt in Tarcoola von der transkontinentalen Linie nach Norden ab. Die heutige Streckenführung verkürzte die Fahrtzeit von 40 auf etwa 20 Stunden für den 1461 km langen Weg.

The Overland verbindet Adelaide und Melbourne. Der Zug verkehrt täglich und ist 12 Stunden unterwegs (Nachtfahrt).

Zwischen Melbourne und Sydney pendelt zweimal täglich der *Melbourne-Sydney XPT*, einmal nachts und einmal tagsüber. Die Fahrt dauert 10,5 Stunden.

Die Strecke Sydney - Canberra bedient täglich in 4,5 Stunden der *Canberra XPLORER*.

Der *XPT* verbindet täglich Sydney und Brisbane. Der Zug ist 14,5 Stunden unterwegs.

Mit dem Flugzeug

Am besten überbrückt man die gewaltigen Entfernungen Australiens mit dem Flugzeug.

Die größte Inlandsfluggesellschaft ist *Qantas*, gefolgt von *Impulse Airline* sowie *Spirit Airlines* und *Virgin Blue Airlines*. Außerdem verkehren in den einzelnen Bundesstaaten regionale Fluggesellschaften wie beispielsweise *Air Queensland*. Und schließlich gibt es noch eine Reihe von Kleinstfluggesellschaften, die mit Propellerfliegern die kleinen und abgelegenen Orte, Farmen, Reservate oder Inseln ansteuern.

Im Gegensatz zum internationalen Flug ist das Reisegepäck innerhalb Australiens nicht auf 20 kg Höchstgewicht, sondern (neben dem Handgepäck) auf *ein* Gepäckstück von höchstens 1,40 m Länge beschränkt. Australien verfügt über ein gut ausgebautes Liniennetz, und die Flüge sind vergleichsweise preiswert.

Mit dem Schiff

Die einzige reguläre Passagierverbindung (mit Ausnahme der Schiffe zu den Inseln des Great Barrier Reef oder anderen vorgelagerten Inseln vor Australiens Küste) besteht zwischen Tasmanien und dem Festland. Dreimal in der Woche verkehrt zwischen Melbourne und Devonport eine Autofähre.

Die Fahrt dauert 14,5 Stunden. Sie kann im Tasmania Tourist Office (Filialen in allen Hauptstädten) oder in Reisebüros gebucht werden.

Wer die Überfahrt in der australischen Hauptreisezeit zwischen Mitte Dezember und Mitte Februar plant, sollte mindestens einen Monat im voraus reservieren.

Nützliches von A-Z

Essen und Trinken

Die vielen Einwanderer aus aller Herren Länder haben die australische Küche entscheidend geprägt: Sie ist international. Restaurants für jeden Geschmack und Geldbeutel gibt es zur Genüge. Am größten ist das Angebot natürlich in den Städten.

Typisch australische Gerichte finden sich auf jeder Speisekarte: Rindersteaks oder Lammkoteletts mit Gemüse, Fisch und Meeresfrüchte (*Crayfisch, Oysters*), *Pies* (Pasteten mit Hackfleischfüllung) und *Pastries* (Pasteten mit Gemüsefüllung). Die beste australische Hausmannskost bekommt man in Kneipen auf dem Land (*Counter Meal*). Eine Eigenschaft, die *Aussies* und US-Amerikaner miteinander verbindet: Auf dem Fünften Kontinent liebt man *Barbecues* (Grillparties), die im eigenen Garten oder im Park veranstaltet werden.

Fastfood zu günstigen Preisen ist in den zahlreichen Fish & Chips-Läden, Hamburger-Restaurants und Schnellimbissen erhältlich.

Der Bierkonsum in *down under* erinnert an deutsche Verhältnisse: Australien hat einen enormen Pro-Kopf-Verbrauch. Am meisten wird *Lager* getrunken, ein helles Bier, das den dünnen Geschmack mit einem höheren Alkoholgehalt ausgleicht.

Die australischen Weine schmecken ausgezeichnet. Die bekanntesten Anbaugebiete sind das Barossa Valley (South Australia) und das Hunter Valley (New South Wales). Tafelwein wird oft in Kartons zu 2 oder 4 Liter verkauft, was aber kein Hinweis für schlechte Qualität ist.

Für Hochprozentiges muss man tief in die Tasche greifen, denn fast alles wird importiert (Ausnahmen sind der Rum aus Queensland und einige Weinbrände aus den australischen Weinbaugebieten).

Selbstversorgung: BYO

Da für den Alkoholausschank und -verkauf eine Lizenz nötig ist, bekommt man alkoholische Getränke nicht in Supermärkten, sondern nur in *Bottle Shops*. Viele Restaurants, vor allem die preiswerteren, besitzen keine Lizenz, was an dem Schild „BYO" (*Bring Your Own*) zu erkennen ist. Hier kann man seine eigene Flasche Wein zum Essen mitbringen. Manchmal wird ein geringes „Korkengeld" auf die Rechnung gesetzt.

Feste und Feiertage

Weihnachten, Neujahr und Ostern werden auch in Australien gefeiert. In Victoria und Tasmania gibt es zusätzlich noch einen Osterdienstag.

Ansonsten handhaben die Australier ihre Feiertage recht flexibel. Fällt ein Feiertag nicht auf einen Montag, wird er in der Regel einfach auf den darauf folgenden Montag verlegt, um ein langes Wochenende daraus zu machen.

Australia Day (Nationalfeiertag): Er erinnert an den ersten Tag der Besiedlung und wird am 26. Januar (bzw. am darauf folgenden Montag) begangen. Western Australia feiert seine Staatsgründung noch eigens am ersten Montag im Juni (*Foundation Day*) und South Australia ebenso Ende Dezember (*Proclamation Day*).

ANZAC Day (25. April) ist ein Gedenktag für die Kriegsgefallenen. Am 25. April 1915 landeten die ersten ANZAC-Truppen (Australia and New Zealand Corps) in Gallipoli (Türkei), um die Briten im Ersten Weltkrieg zu unterstützen, und sie erlitten gleich schwere Verluste.

Queens Birthday wird am zweiten Montag im Juni gefeiert, außer in Western Australia, wo man dem Geburtstag der Königin am letzten Montag im September gedenkt.

Labour Day (Tag der Arbeit) fällt in Western Australia und in Tasmania auf den ersten Montag im März, in Victoria auf den zweiten Montag im März (trifft zusammen mit dem Moomba Festival); in Queensland ist der Tag der Arbeit im Mai, in New South Wales und Canberra am ersten Montag im Oktober und in South Australia am zweiten Montag im Oktober.

In Victoria gibt es noch einen Feiertag am ersten Dienstag im November anlässlich des Melbourne Cup (Pferderennen), den sogenannten **Melbourne Cup Day**, und in South Australia entsprechend den **Adelaide Cup Day** Mitte Mai. Im März findet im Australian Capital Territory der **Canberra Day** statt und am 1. Mai ist **May Day** im Northern Territory. Um eine lange Durststrecke ohne Feiertag etwas erträglicher zu machen, führten New South Wales und Australian Capital Territory einen **Bank Holiday** am ersten Montag im August ein. Derselbe Tag ist auch im Northern Territory ein Feiertag, dort heißt er allerdings **Picnic Day**. Tasmania hat einen freien Tag am **Hobart Show Day** Ende Oktober und einen weiteren am **Tasmania Day** Ende November.

Geld

Die Landeswährung ist der australische Dollar (AUD oder A$). Australien hat eine Dezimalwährung: 1 A$ = 100 Cents. Im Umlauf sind Münzen im Wert von 5, 10, 20 und 50 Cents sowie 1 und 2 Dollar, und Banknoten im Wert von 5, 10, 20, 50 und 100 Dollar.

Umrechnungskurs (Januar 2005): 1 Euro = 1,72 A$; 1 A$ = 0,58 Euro.

Die Geschäftszeiten der Banken (mit Ausnahme der an Flughäfen) sind Montag bis Donnerstag 9.30 bis 16 Uhr, freitags 9.30 bis 17 Uhr. Wer im Outback unterwegs ist, sollte etwas mehr Bargeld dabei haben. In einigen Outbacksiedlungen hat die Bank höchstwahrscheinlich nur einmal pro Woche ein paar Stunden geöffnet.

Für die täglichen Geldgeschäfte in Australien benötigt man eine internationale Kreditkarte (S. auch *V./Eröffnung eines Bankkontos*).

Maße und Gewichte

Obwohl man in Australien vor fast 40 Jahren das Dezimalsystem eingeführt hat, wird manchmal noch das alte System benutzt:

1 Mile = 1,61 km; 1 Yard = 92 cm; 1 Foot = 30,48 cm; 1 Inch = 2,54 cm;
1 Gallon = 4,55 l; 1 Pint = 0,562 l;
1 Pound = 452 g, 1 Ounce = 28,35 g.

Die australischen Kleidergrößen weichen von den europäischen ab und sind – je nach Hersteller – völlig uneinheitlich. Sinnvoll ist, alles anzuprobieren.

Medien

Zeitungen

Die australische Tagespresse bringt lokale und internationale Nachrichten. Deutsche Tageszeitungen erhält man in Großstädten mit einer Verspätung von vier bis fünf Tagen. Deutsche Zeitschriften (an Kiosken) sind zwischen zwei und vier Monaten alt.

„Die Woche" ist eine deutschsprachige Wochenzeitung, die in Australien erscheint und sich auf Neuigkeiten aus Deutschland, Österreich, der Schweiz und aus den deutschsprachigen Gemeinden Australiens konzentriert.

Rundfunk

Es gibt drei verschiedene Arten von Radiosendern: *State Radio* (ABC), das unseren öffentlich-rechtlichen Sendern entspricht, *kommerzielle Stationen*, unseren Privatsendern ähnlich, und *Public Radio Stations*, die privat, aber nicht kommerziell und meist sehr alternativ sind.

In Großstädten sind auch *fremdsprachige Sender* auf dem Medienmarkt vertreten, die zu bestimmten Tageszeiten deutschsprachige Programme anbieten.

Fernsehen

Man unterscheidet staatliche und kommerzielle Programme. Am interessantesten ist wohl der australienweite Sender *SBS*, der viele Dokumentationen und Filme aus aller Welt zeigt und die besten Nachrichtensendungen bringt.

Sport

Sport wird auf dem Fünften Kontinent ganz groß geschrieben, unabhängig davon, ob man selbst aktiv wird oder als Zuschauer einem sportlichen Ereignis beiwohnt.

Cricket

Cricket ist der Nationalsport. Es wird im Sommer von jedem und überall gespielt, und bei der Übertragung wichtiger Spiele sitzt ganz Australien vor dem Fernseher. Es erinnert an das amerikanische Baseball: Ein Spieler wirft einen Ball mit voller Kraft auf ein kleines Tor, das von einem Vertreter der gegnerischen Mannschaft bewacht wird. Seine Aufgabe ist es, mit einem Schlagholz den Ball so unerreichbar wie möglich wegzuschlagen, worauf Bewegung in ein paar der meist unbeteiligt auf dem Feld stehenden Spieler kommt, wenn diese versuchen, den Ball zu fangen. Für alles, was auf dem Spielfeld abläuft, werden nach einem komplizierten System Punkte verteilt. Ein einziges Spiel dauert manchmal fünf Tage.

Australian Football / Rugby

Australian Football oder Rugby ist je nach Region Thema Nummer Eins im Winter und verspricht etwas mehr Aktion. Australian Rules Football wurde in Victoria erfunden, setzte sich aber in den letzten Jahren auf dem ganzen Kontinent durch. Ein unwissender europäischer Beobachter mag nur schwerlich einen Unterschied zwischen Rugby und Australian Rules Football erkennen, da sich bei beiden eine Unmenge von Spielern um einen ovalen Ball prügelt.

Weitere Sportarten

Soccer (europäischer Fußball) wird in Australien ebenfalls gespielt, ist aber bei weitem nicht so populär wie hierzulande.

Pferderennen sind sehr beliebt und finden im großen oder kleinen Rahmen dauernd irgendwo statt. Das größte Pferderennen ist der *Melbourne Cup* Anfang November, und es gibt wohl kaum einen Australier, den dieses Ereignis kalt lässt.

Rasenbowling gilt als favorisierte Sportart der älteren Generation. Dabei werden Kugeln über einen Rasen gerollt mit dem Ziel, möglichst nahe an eine kleine weiße Kugel heranzukommen. Hauptsaison ist der Sommer, in wärmeren Regionen werden auch Winterturniere veranstaltet.

Rodeos finden regelmäßig in verschiedenen Orten auf dem ganzen Kontinent statt und werden oft zusammen mit einem Festival oder einer Landwirtschaftsmesse veranstaltet. Die Teilnehmer treten in rodeoüblichen Wettbewerben wie Reiten auf wilden Pferden oder Bullen und Lassowerfen gegeneinander an.

Squash, **Tennis** und **Golf** sind weit verbreitet, und man hat auf vielen öffentlichen Plätzen Gelegenheit dazu, ohne Mitglied in einem Club zu sein. Die nötige Ausrüstung kann man leihen.

In Parks und entlang der Strandpromenaden muss man vor allem am Wochenende mit einer Invasion von **Joggern** rechnen.

Da die meisten Australier an der Küste leben, ist es nicht überraschend, dass Wassersport aller Art, vor allem aber **Wellenreiten, Windsurfen** und **Segeln**, das ganze Jahr über eine große Rolle spielt. Die meisten Surfwettbewerbe und Segelregatten finden jedoch in der Zeit von September bis April statt.

Für **Tauchen** und **Schnorcheln** ist das Great Barrier Reef die beste Adresse.

Angler finden überall an der Küste geeignete Reviere. Nur für Binnengewässer braucht man eine Lizenz.

Wer *in* sein will, fährt **Ski**. Da dies nur an wenigen Orten in Australien möglich ist (Hochgebirge von New South Wales, Victoria und Tasmanien), die Saison mit höchstens drei Monaten (Mitte Juni bis Mitte September) sehr kurz und der Wintersport im Vergleich zu europäischen Verhältnissen sehr teuer ist, hat Skilaufen ein exklusives Image bekommen. Die schönsten Skigebiete liegen am *Mt. Kosciusko* in New South Wales und am *Mt. Buller* in Victoria.

Sprache

Wer nicht ohnehin durch die Auflagen seiner Einwanderungskategorie gezwungen ist, ausreichende Englischkenntnisse vorzuweisen, sollte sich diese – falls nicht vorhanden – nach Möglichkeit noch vor der Umsiedlung nach Australien aneignen. Denn nur derjenige, der sich in einem fremden Land auch problemlos verständigen kann, wird unabhängig von der Hilfe Dritter sein, sich schnell einleben und Kontakte knüpfen.

In jeder Stadt gibt es Sprachschulen, die *English Language* vermitteln. Die Adressen sind in den Gelben Seiten aufgelistet. Je nach Vorbildung und Wahl des Kurses (Einzel- oder Gruppenunterricht) fallen mitunter beachtliche Kosten an. Die preiswerteren Volkshochschulkurse eignen sich allerdings kaum, um in möglichst kurzer Zeit akzeptable Sprachkenntnisse zu erwerben.

Erst einmal in Australien angekommen, gerät man selbst mit sehr gutem Englisch anfangs leicht ins Schleudern, denn in den Akzent der *Aussies* muss man sich erst einmal eine Weile einhören, bis man ihn versteht. Dazu kommt, dass die Australier sehr viele Wörter verwenden, die garantiert in keinem Wörterbuch auftauchen, und wenn es nur die ständigen Abkürzungen sind wie *telly* (television), *cuppa* (cup of tea/coffee), *postie* (postman) oder *garbo* (garbage man). Diese Liste könnte man endlos fortsetzen.

Typisch australisch ...

Aussie – Australier
barbie – barbecue
billabong – Wasserloch, Tümpel
billy – Wasserkessel

bitumen – geteerte Straße
blowies, blow flies – große Fliegen
bush – Gegend außerhalb von Städten
bushwalking – wandern
BYO – Bring Your Own (Alkohol mit ins Restaurant bringen)
chuck – Huhn
corroboree – Tanzfest der Ureinwohner
counter lunch – Mittagessen in Pubs
damper – in der Asche des Lagerfeuers gebackenes Brot
didgeridoo – Holzblasinstrument der Ureinwohner
digger – Goldgräber
dirt road – ungeteerte Straße
down under – Australien
dunny – Plumpsklo
flake – Haifischfilet
floodway – Überschwemmung auf Straßen bzw. gefährdete Stelle
fossicking – Suche nach Edelsteinen
gap – Schlucht
gorge – Schlucht
grid – Gitter in Outbackstraßen, dienen als Viehsperre
homestead – historisches Siedlerhaus
inlet – Lagune
jetty – Anlegestelle für Schiffe und Boote
joey – junges Känguru
Kiwi – Neuseeländer
mate – Kumpel
never never – Steigerung von Outback
no worries – kein Problem
ocker – Otto Durchschnittsaustralier
outback – Gegend weit abseits von Städten
pom, pommy – Engländer (Abkurzung von Prisoner of Mother England)
pushbike – Fahrrad
road train – LKW mit mehreren Anhängern
schooner – großes Glas Bier
sealed road – Asphaltstraße
shandy – Radler (Bier mit Limo)
sheila – Mädchen
station – Farm im Outback
stock – Vieh
stockmen – Cowboys

stubby – kleine Flasche Bier, 375 ml
stubby holder – Gefäß, um ein Stubby kühl zu halten
swagman – Vagabund, der sein Bündel (swag) trägt
tea – Abendessen
tucker – Essen, Mahlzeit
walkabout – wandern, durch die Gegend ziehen
warden – Aufseher
wet – Regenzeit im Norden
whinger – Nörgler
wog – Schimpfwort für Südeuropäer und Asiaten

Strom
Die Wechselstromspannung beträgt 220-250 Volt und 50 Hertz, die Stecker sind dreipolig. Kleinere Elektrogeräte (z.B. Fön) können mit einem Adapter weiterhin benutzt werden, zumindest bei großen Geräten (z.B. Kühlschrank) sollte Ihnen aber ein Elektriker andere Stecker anbringen.

Telefonieren
Vorwahlnummern
von Australien nach Deutschland: 00 11 49
von Australien nach Österreich: 00 11 43
von Australien in die Schweiz: 00 11 41
nach Australien: 00 61
Man wählt erst die Vorwahl in das jeweilige Land, dann folgt die Ortsvorwahl (ohne die Null) und schließlich die Teilnehmernummer.

Wichtige Nummern in Australien
Notruf: 000
Auskunft national: 013
Auskunft international: 0103

Unterkünfte
Hotels
Mit den Hotels in Australien ist es eine etwas verwirrende Angelegenheit, denn nicht in allen kann man auch übernachten.
Da die Ausschanklizenz für Alkohol nur an Hotels ausgegeben wird, hängt über dem Eingang jeder Kneipe groß das Schild „Hotel“. Die meisten von ihnen, vor allem in den Städten, sind dabei kaum daran interessiert, Zimmer zu vermieten, und haben, um ihre Lizenz nicht zu verlieren, meist lediglich ein Gästezimmer irgendwo unter dem Dach. Wenn man nach

einem Zimmer fragen sollte, ist dieses entweder ausgebucht oder wird zufälligerweise gerade renoviert.

Kneipen-Hotels, die tatsächlich Zimmer vermieten, tun dies mit einem Schild *Rooms Vacant* oder *Vacancy* kund und befinden sich häufig auf dem Land. Diese Zimmer sind oft etwas vernachlässigt, aber auch sehr preiswert.

Daneben gibt es in den Städten natürlich noch große Hotelkästen (Hilton, Continental etc.), die keinen Zweifel an ihrer Funktion aufkommen lassen und durchweg luxuriös und teuer sind.

Motels

Motels findet man in den großen und kleinen Städten sowie an Durchgangsstraßen en masse. Sie vermieten Appartements mit Toilette/Dusche, Kühlschrank, Kochgelegenheit und TV. Je nach Ausstattung und Lage muss man mit Preisen der mittleren bis oberen Kategorie rechnen.

Viele Unterkünfte bezeichnen sich auch als „Hotel/Motel" und bieten dann normalerweise Zimmer in zwei verschiedenen Preisklassen an.

Ferienwohnungen

Ferienwohnungen können Sie in den Urlaubsgebieten mieten. Sie werden in allen Größen und Preislagen angeboten.

Farmunterkünfte

Familienanschluss und Vollpension sind hier oft inklusive, was sich deutlich im Preis (relativ teuer) niederschlägt.

Private Hotels und Guesthouses

Private Hotels und *Guesthouses* lassen sich mit unseren Pensionen vergleichen. Die typisch englische Einrichtung des *Bed & Breakfast* setzt sich auch in Australien immer mehr durch. Meist handelt es sich hierbei um Privathäuser mit nur wenigen Zimmern, und die Atmosphäre ist oft gemütlich und familiär. Die Preise sind unterschiedlich, da die Ausstattung der B&B-Unterkünfte von einfach bis luxuriös reicht.

YHA *(Youth Hostel Association)*

Jugendherbergen gehören mit zu den günstigsten Übernachtungsmöglichkeiten in Australien. Es gibt etwa 140, sie liegen hauptsächlich in Städten und Urlaubsgebieten. Übernachtet wird in der Regel in Mehrbettzimmern, viele Häuser bieten aber auch Doppelzimmer (allerdings zum Teil immer noch nur für Paare mit Trauschein). Im Vergleich zu deutschen

Jugendherbergen sind die australischen oft kleiner und gemütlicher, aber manchmal auch etwas vergammelt.

Manche Jugendherbergen funktionieren auf der Basis kollektiver Hausarbeit, d.h. jeder hilft mit, sie sauber zu halten. Wer dort übernachtet, bekommt vom *Warden*, dem Herbergsvater, eine kleine Aufgabe zugeteilt (z.B. Staubsaugen). Dieses System wird auch in manchen anderen Billigunterkünften angewandt.

Jugendherbergen haben Gemeinschaftsküchen und Aufenthaltsräume, kleinere sind allerdings tagsüber oft geschlossen.

Man braucht einen internationalen Jugendherbergsausweis, den man sich günstiger Weise schon in Deutschland besorgt.

Backpackers
Backpackers ist die Bezeichnung für Billigunterkünfte, die Einzel-, Doppel- und Mehrbettzimmer anbieten. Die Kosten für ein Bett im Mehrbettzimmer (*dormitory*) sind mit denen in Jugendherbergen vergleichbar, aber ohne die dort üblichen Beschränkungen. Man braucht z.B. keinen Ausweis, und Doppelzimmer werden auch an unverheiratete Paare vermietet.

Weitere Informationen über Unterkünfte erhält man beim australischen Fremdenverkehrsamt in Frankfurt/Main oder vor Ort beim lokalen *Tourist Office*.

Australian Tourist Commission
Neue Mainzer Straße 22, 60311 Frankfurt / Main
Tel. 069 / 27 40 06-22, Fax 069 / 27 40 06 40
www.australia.com

Eine Zukunft in Australien

Das Unternehmen „Auswandern nach Australien" stellt eine große Herausforderung dar. Australien von Reisen her zu kennen und mit Land und Leuten vertraut zu sein, ist sicherlich bereits eine große Hilfe. Unverzichtbar ist
es, sich vorab einen guten Überblick über die vielfältigen Einwanderungs-
bestimmungen zu verschaffen und seine Chancen realistisch einzuschät-
zen.
Dabei hat Ihnen dieser Ratgeber sicherlich gute Dienste leisten können.
Darüber hinaus kann er Ihnen bei Ihren ersten Schritten in Australien hilf-
reich sein sowie bei allen Fragen rund ums Leben in Ihrer neuen Heimat.
Wir wünschen Ihnen alles Gute für Ihre Zukunft in Australien!

Große Parkanlagen machen den Reiz vieler australischer Städte aus

VII. Anhang

Liste der gesuchten Berufe (MODL)

Professionals

- Accountant
- Medical Practitioner: - General Medical Practitioner, - Anaesthetist,
  - Dermatologist, - Emergency Medicine Specialist, - Obstetrician and
  Gynaecologist, - Ophthalmologist, - Paediatrician, - Pathologist,
  - Specialist Physician, - Psychiatrist, - Radiologist. - Surgeon,
  - Specialist Medical Practitioners (not elsewhere classified)
- Registered Nurses
- Registered Midwives
- Registered Mental Health Nurses
- Hospital Pharmacists
- Retail Pharmacists
- Occupational Therapists
- Physiotherapists
- Medical Diagnostic Radiographer
- Radiation Therapist
- Sonographer

Associate Professionals

- Chefs (excluding Commis Chef)*

Trades Persons

- Automotive Electrician
- Fitter
- Furniture Upholsterer
- Hairdressers
- Metal Fabricator (Boilermaker)
- Metal Machinist (First Class)
- Motor Mechanic
- Panel Beater
- Pastry Cook
- Refrigeration and Airconditioning Mechanics
- Sheet Metal Worker (First Class)
- Toolmaker
- Vehicle Painter
- Welder (First Class)

Bewertungsfaktoren / erreichbare Punkte

Die Punkte werden wie folgt vergeben:

Berufsausbildung (Skill Level)
anerkannte, spezielle Berufsausbildung und -erfahrung   60 Punkte
anerkannte Berufsausbildung,
vergleichbar *Australian Bachelor Degree* oder höher   50 Punkte
anerkannte Berufsausbildung
vergleichbar *Australian Diploma*   40 Punkte
(die genaue Punkte-Zuordnung erfolgt mit Hilfe der SOL,
Skilled Occupations List)

Alter
18–29   30 Punkte
30–34   25 Punkte
35–39   20 Punkte
40–44   15 Punkte

Englischkenntnisse
vocational (ausreichende Kenntnisse)   15 Punkte
competent   20 Punkte

Spezielle Arbeitserfahrung
In der Berufskategorie, die 60 Punkte wert ist
oder vergleichbar, mind. 3-4 Jahre Berufserfahrung   10 Punkte
mind. 3-4 Jahre Berufserfahrung in der *nominated occupation*   5 Punkte

Gefragte Berufe (in MODL-Liste)
ohne Jobangebot   15 Punkte
mit Jobangebot   20 Punkte

Australische Qualifikation/Studium
mind. 2 Jahre Vollzeitstudium in Australien   5 Punkte
Australian Master und 2 Jahre Vollzeitstudium in Australien   10 Punkte
Australien PhD und 2 Jahre Vollzeitstudium in Australien 15 Punkte

Ausbildung Ehepartner
wenn geeignet   5 Punkte

Bonus-Kategorien
Kapitalanlage in Australien, Arbeitserfahrung in Australien,
sehr gute Sprachkenntnisse in einer Sprache Australiens,
2 Jahre Studium oder Aufenthalt in einer der gering
besiedelten Regionen Australiens   5 Punkte

Relationship
gute Beziehungen zu in Australien lebenden Personen   15 Punkte

Pass Marks:

	Skilled Australian Sponsored	Skilled Independent
Pass Mark	110	120
Pool Mark	105	70

Adressen der Beratungsstellen

Baden-Württemberg:
Diakonisches Werk der Evangelischen
Kirche in Deutschland (DW-EKD)
Gerokstr. 17, 70184 Stuttgart
Gerlinde Lang, Margot Gillé
Tel. 0711 / 21 59 - 5 41/ -5 34
Fax 0711 / 21 59 - 1 30
wanderung@diakonie.de
Mo-Fr 10-12 Uhr

Ev. Migrationsdienst in Württemberg e.V.
Landhausstr. 62, 70190 Stuttgart
Karin Willrich-Flothow, Johanna Ewig-Spur,
Antje Saad
Tel. 0711 / 26 84 32 70, - 71
Fax 0711 / 26 84 32 79
willrich-flothow.k@emdw-diakonie.de
Di, Do 10-12 Uhr

Verein für Internationale Jugendarbeit (VIJ)
Moserstraße 10, 70182 Stuttgart
Marion Renz
Tel. 0711 / 2 39 41 - 11
Fax 07 11 / 2 39 41 - 40/
recht@vij-stuttgart.de
Mo 9-11 Uhr, Mi 14-15.30 Uhr, Do 9-11 Uhr

VIJ
Fischerstr. 3, 76199 Karlsruhe
Marga Schlaile
Tel. 0721 / 9 89 18 19
Fax 07 21 / 9 89 18 20
Mi 16-18 Uhr, Di 9-11 Uhr
oder nach Vereinbarung

Bayern:
Raphaels-Werk (RW), Dienst am Menschen
unterwegs e.V.
Landwehrstr. 26, 80336 München
Elisabeth Kieniewicz
Tel. 089 / 23 11 49 60
Fax 089 / 23 11 49 61
elisabeth.kieniewicz@debitel.net
Muenchen@Raphaels-Werk.de
Mo, Di, Do 9-12 Uhr,
tel. Terminvereinbarung und. tel. Beratung
14-16 Uhr

RW
Auf dem Kreuz 41, 86152 Augsburg
Birgitta Leitner
Tel. 0821 / 31 56 - 0 / - 2 43 (- 2 41)
Fax 08 21 / 31 56 - 2 77
Augsburg@Raphaels-Werk.de
Di, Do 9-12 u. 14-17 Uhr, tel. Vereinb. erbe-
ten

DW (Bayern)
Bucher Str. 43, 90419 Nürnberg
Dorothea Mäckl
Tel. 0911 / 3 93 63 57
Fax 0911 / 3 93 63 61
dorothea.maeckl@diakonie-bayern.de
tel. Vereinb. erbeten

RW
Von-der-Tann-Str. 7, 93047 Regensburg
Pia Huber
Tel. 0941 / 5 02 11 53
Fax 0941 / 5 02 11 25
Regensburg@Raphaels-Werk.net
Mo, Di, Do 9-12, 13-16 Uhr,
Fr 10.30-12 Uhr

RW
Steinweg 8, 94032 Passau
Fritz Loos
Tel. 0851 / 3 92 - 1 80, -1 81
Passau@Raphaels-Werk.de
Mo-Fr 7.30-12 Uhr

RW
Koellikerstr. 5, 97070 Würzburg
Martina Blomberger,
Christine Wozar
Sekr.: Gerlinde Kling
Tel. 0931 / 3 04 18 - 13
Fax 0931 / 3 04 18 - 22
Mo-Fr 8.30-12 Uhr

Berlin:
RW
Tübinger Str. 5, 10715 Berlin
Christina Busch (Beratung),
Edeltraud Buchholz (Sekr.)
Tel. 030 / 8 57 84 - 2 37 bzw. – 2 02
Fax 030 / 8 57 84 - 1 37
Berlin@Raphaels-Werk.de
bzw.: c.busch@caritas-bistum-berlin.de
Mo-Do 9-12, 14-16 Uhr, Fr 9-12 Uhr, pers.
Beratung nach Vereinbarung

DW Neukölln-Oberspree
Morusstr. 18 A, 12053 Berlin
Eta Abasow
Tel. 030 / 68 24 77 20
Fax 030 / 68 24 77 12
eta.abasow@debitel.net
tel. Sprechzeiten Mo und Do 10-12 Uhr,
Mi 14-16 Uhr, pers. Beratung nach
Vereinbarung

Brandenburg:
Deutsches Rotes Kreuz (DRK)
Alleestr. 5, 14469 Potsdam
Eugenia Gilge
Tel. 0331 / 28 64 - 1 23
Fax 0331 / 28 64 - 1 24
gilge@debitel.net
Mo, Mi, Do 9-15.30 Uhr, Di 9-16.30 Uhr,
Fr 9-12 Uhr

Bremen: derzeit keine Beratungsstelle

Hamburg:
RW
Adenauerallee 41, 20097 Hamburg
Christine Pakendorf,
Cornelia Banisch
Tel. 040 / 24 84 42 - 0
Fax 040 / 24 84 42 - 26
Hamburg@Raphaels-Werk.de
Mo, Do 10-16 Uhr und nach tel. Vereinb.

Evang. Auslandsberatung
Rautenbergstr. 11, 20099 Hamburg
Helga Kunkel-Müller
Tel. 040 / 24 48 36 oder 2 80 40 43
Fax 040 / 24 48 09
kunkel-mueller@debitel.net
Mo-Do 10-16 Uhr und nach telef. Vereinb.
www.ev-auslandsberatung.de

Hessen:
RW
Frankfurter Str. 209, 34134 Kassel
Susanne Denzel
Tel. 0561 / 94 27 - 6 13
Fax 0561 / 94 27 - 6 19
Kassel@Raphaels-Werk.de
Di 9-12, Do 14-18 Uhr,
tel. Terminvereinb. erbeten

RW
Vilbeler Str.36, 60313 Frankfurt
Jan Sladek
Tel. 069 / 91 30 65 50
Fax 069 / 91 30 65 55
jan.sladek@debitel.net
Frankfurt@Raphaels-Werk.de
Mo-Do 9.30-12.30 u. 13.30-15.30 Uhr

DW
Ederstr. 12, 60486 Frankfurt
Astrid Fetsch, Christa Haas
Tel. 069 / 79 47- 2 17 oder - 2 28
Fax 069 / 79 47 - 2 49
christa.haas@dwhn.de
telef. Vereinb. erbeten

VIJ
Hügelstr. 28, 64283 Darmstadt
Gisela Kettler
Tel. 0 61 51 / 29 13 50
Fax 0 61 51 / 29 16 53
Mo, Do 13-17.30, Mi 13-17 Uhr

Mecklenburg-Vorpommern:
RW
Klosterstr.24, 19053 Schwerin
Barbara Eickhorst
Tel. 03 85 / 5 91 69 17
Fax 03 85 / 5 91 69 23
Schwerin@Raphaels-Werk.de
Mo, Di 9-12 Uhr, Do 16-18 Uhr und nach
telefonischer Vereinbarung

DRK
Wismarsche Str. 298, 19055 Schwerin
Renate Scheel
Tel. 03 85 / 5 91 47 52
Fax 03 85 / 5 91 47 19
renate.scheel@debitel.net
Mo-Mi 9 - 12 Uhr und 13 - 15.30 Uhr

Niedersachsen
DRK
Bergstr. 6, 26122 Oldenburg
Frau Hayen
Tel. 04 41 / 7 79 34 - 12
Fax 04 41 / 7 79 33 55
Do 9-12 Uhr

RW
Vordere Schöneworth 10, 30167 Hannover
Sabina Hoffmann,
Doris Schneider
Tel. 05 11 / 71 32 37/ - 38
Fax 05 11 / 71 32 39
E-Mail:sabina.hoffmann@debitel.net
Hannover@Raphaels-Werk.de
tel. Terminvereinb. Mo, Di, Do, Fr 9-12 Uhr

Nordrhein-Westfalen:

RW
Am Stadelhof 15, 33098 Paderborn
PA: Postfach 13 60, 33043 Paderborn
Heribert Krane,
Sekr. Martina Benteler
Tel. 0 52 51 / 209 - 220 bzw. 211
Fax 0 52 51 / 209 - 3 84 44
Paderborn@Raphaels-Werk.do
oder dicv-pb@t-online.de
Mo-Do 8-16, Fr 8-12.30 Uhr

RW
Oststr. 40, 40211 Düsseldorf
Iwona Kesicki
Tel. 02 11 / 16 02 - 0 / - 22 33
Fax 02 11 / 16 02 – 22 24
Duesseldorf@Raphaels-Werk.de
Geschäftszeiten (tel. Vereinb.):
Mo-Mi 8-16, Do-Fr 8-13 Uhr

DW
Lenaustr. 41, 40470 Düsseldorf
Birgit Guse
Tel. 02 11 / 63 98 - 0, - 2 47, - 2 48
Fax 02 11 / 6 39 82 99
bguse@dw-rheinland.de, Vereinb. erbeten

RW
Kaninenberghöhe 2, 45136 Essen
Martina Lüdeke
Tel. 02 01 / 8 10 28 - 739
Fax 02 01 / 8 10 28 - 836
martina.luedeke@debitel.net
Essen@Raphaels-Werk.de
Mo-Do 9-12.30, 13-16, Fr 9-12.30, 13-14

DRK
Sperlichstr. 25, 48151 Münster
Frau Britten
Tel. 02 51 / 97 39 - 1 43
Fax 02 51 / 97 39 - 2 97
tel. Vereinbarung erbeten

RW
Norbertstr. 27, 50670 Köln
Ursula Fischenich,
Sekr. Claudia Mers-Koschke
Tel. 02 21 / 2 83 62 - 0
Fax 02 21 / 2 83 62 - 14
koeln@raphaels-werk.net
Mo-Mi 9-12, Do 14-16 (nach Vereinb.)

RW
Scheibenstr. 16, 52070 Aachen
Norbert Suing
Tel. 02 41 / 94 92 7 - 2 82 bzw. - 2 24
Fax 02 41 / 94 92 – 2 89 (zu Hd. RW)
Aachen@Raphaels-Werk.de
Mo-Do 9-12.30, 14-16 Uhr

VIJ
Adenauerallee 37, 53113 Bonn
Christa Böhmer
Tel. 02 28 / 68 80 - 3 80
Fax 02 28 / 68 80 - 3 89
au-pair.vij.ov.bonn@t-online.de
Di, Mi 10-12 Uhr

Rheinland-Pfalz:
RW
Petrusstr. 28, 54292 Trier
Angela Ansari
Tel. 06 51 / 20 96 - 2 24
Fax 06 51 / 20 96 - 2 28
Trier@Raphaels-Werk.de
Di, Do 8-12, Mi 14-16 Uhr

RW
Hohenzollernstr. 118-120, 56068 Koblenz
Karlheinz Bergmann
Tel. 02 61 / 1 39 06 - 5 06
Fax 02 61 / 1 39 06 - 5 80
Koblenz@Raphaels-Werk.de
Mo-Fr 9-12 und 14-16 Uhr (Terminvereinb.)
Sprechstunde: Di 9-12 Uhr

Saarland:
RW
Kantstr. 14, 66111 Saarbrücken
Hartmut Daub
Tel. 06 81 / 3 09 06 - 0
Fax 06 81 / 3 09 06 - 18
Saarbruecken@Raphaels-Werk.net
Mo-Do 9-12, 13-16 Uhr, Fr 9-12 Uhr

Sachsen:
DRK
Zwickauer Str. 432, 09117 Chemnitz
Sibylle Nestmann
Tel. 03 71 / 8 42 08 - 12
Fax 03 71 / 8 42 08 - 40
nestmann@kv-chemnitzer-umland.drk.de
Di-Do 9-12, Di 13-17, Do 13-15.30 Uhr

Sachsen-Anhalt:
DRK
Rudolf-Breitscheid-Str. 6, 06110 Halle
(Saale)
Lore-Elisabeth Hentze
Tel. 03 45 / 5 00 85 - 32
Fax 03 45 / 2 02 31 - 41
lore-elisabeth.hentze@sachsen-
anhalt.drk.de
Di u. Do 9-12 Uhr, 15-17 Uhr, Mi 9-12 Uhr
oder nach Vereinbarung

RW
Karl-Schmidt-Str. 5 c, 39104 Magdeburg
Ismail Heka, Katie Pichura
Tel. 03 91 / 4 08 05   15
Fax 03 91 / 4 08 05 - 20
Magdeburg@Raphaels-Werk.de
Mo-Do 9-12 Uhr und nach Vereinbarung

Schleswig-Holstein:
RW
Fegefeuer 2, 23552 Lübeck
Gisela Dell
Tel. 04 51/ 7 48 79, 7 99 46 01 (Zentrale)
Fax 04 51 / 7 06 04 33
Luebeck@Raphaels-Werk.net
Di, Mi 9-12, Di 13-17, Do, Fr 10-12 Uhr
tel. Sprechstunde: Do, 8-10,

Thüringen:
derzeit keine Beratungsstellen

Adressen deutscher Generalkonsulate und Honorarkonsuln in Australien

Botschaft der Bundesrepublik Deutschland
119 Empire Circuit, Yarralumla ACT 2600
Tel. 0061 / 2 / 6270 1911
Fax 0061 / 2 / 6270 1951
E-mail: embgerma@bigpond.net.au
www.deutschebotschaft-canberra.com

Generalkonsulat der Bundesrepublik
Deutschland, Sydney
Generalkonsul Dr. Günter Gruber
13 Trelawney Street, Woollahra NSW 2025
Tel. 0061 / 2 / 9328 7733
Fax 0061 / 2 / 9327 9649
E-mail: info@sydney.diplo.de

Generalkonsulat der Bundesrepublik
Deutschland, Melbourne
Generalkonsul Thomas Kessler
480 Punt Road, South Yarra VIC 3141
Tel. 0061 / 3 / 9864 6888
Fax 0061/ 3 / 9820 2414
E-mail: meldiplo@bigpond.net.au

Honorarkonsuln:
Adelaide (Südaustralien)
Honorarkonsul James Robert Porter
1st Floor, Peel Chambers, 23 Peel Street
PA: P.O. Box 8131 Station Arcade
Adelaide SA 5000
Tel. 0061 / 8 / 8231 6320
Fax 0061 / 8 / 8231 6320

Brisbane (Queensland)
Honorarkonsul Detlef Sulzer
32 Floor, AMP Place, 10 Eagle Street
Brisbane QLD 4000

Tel. 0061 / 7 / 3221 7819
Fax 0061 / 7 / 3221 7335
E-mail: germancons@iprimus.com.au

Cairns (Queensland)
Honorarkonsulin Iris Raymond
Shop 11 The Conservatory,
12 lake Street, Cairns QLD 4870
Tel. 0061 / 7 / 4057 9299
Fax 0061 / 7 / 4057 8909
iraymond@questapartments.com.au

Darwin (Northern Territory)
Honorarkonsul Harry Maschke
Action Sheetmetal P/L,
1824 Berrimah Rd, Berrimah NT 0828
PA: PO Box 38995, Winnellie NT 0821
Tel. 0061 / 8 / 8984 3769
Fax 0061 / 8 / 8947 0037
harry@actionsheetmetal.com.au

Perth (Westaustralien)
Honorarkonsul William R.B. Hassell AM
8th Floor, 16 St George's Terrace
Perth WA 6000
Tel. 0061 / 8 / 9325 8851
Fax 0061 / 8 / 9221 3200
E-mail: germanhc@wantree.com.au

Hobart (Tasmanien)
Honorarkonsul William Ayliffe LL.B.
Level 1, 63 Salamanca Place
Hobart TAS 7000
Tel. 0061 / 3 / 6224-7000
Fax: 0061 / 3 / 6224-7025
Ayliffe@bigpond.com

Liste der Vertragsärzte der Australischen Botschaft in Deutschland

Dr. H. Körfer (Radiologe)
Nürnberger Str 67, 10787 Berlin
Tel. 030 / 2 14 98 10

Dr. L Erbenich, Dr. S. Huber, Dr. F. Schwarz
Waldfriede Krankenhaus
Argentinische Allee 40, 14163 Berlin
Tel. 030 / 81 81 03 01

Dr. Annegret Sepperer
Milinowskistrasse 23l, 14169 Berlin
Tel. 030 / 8 01 72 82

Dr. K. von Olhausen, Frau Dr. J. Zoll
Außer der Schleifmühle 80, 28203 Bremen
Tel. 04 21 / 32 35 40

Dr. J. Parpatt (Radiologe)
Außer der Schleifmühle 54, 28203 Bremen
Tel. 04 21 / 32 72 07

Dr. T. Pollmann
Kreuzstr 33, 44139 Dortmund
Tel. 02 31 / 12 53 36

Dr. Randolf Kukulies (Radiologe)
Leopold Str. 10, 44147 Dortmund
Tel. 02 31 / 9 81 02 50

Dr. M. Schnur
Markusstr. 16, 01127 Dresden
Tel. 03 51 / 8 47 56 11

Dr. Lutz Wihsgott (Radiologe)
Wurzener Str. 5, 01127 Dresden
Tel. 03 51 / 8 52 22 24

Dr. G. Vetter
Schneckenhofstr 29, 60596 Frankfurt
Tel. 069 / 61 38 32

Dr. D. Vonofakos (Radiologe)
Königswarterstr. 16, 60316 Frankfurt
Tel. 069 / 44 34 44 oder 43 94 79

Dr. K. Rosset
Schwarzwaldstr. 1, 79117 Freiburg
Tel. 07 61 / 7 28 51

Dr. Krause / Dr. Müller (Radiologen)
Gartenstrasse 28, 75038 Freiburg
Tel. 07 61 / 38 56 50

Dr. J. Thuneke & Dr. E. Zimmer
Oderfelder Str. 6, 20149 Hamburg
Tel. 040 / 47 60 86 / 87

Dr. T. Borberg
Boedeker Str. 76-78, 30161 Hannover
Tel. 05 11 / 96 25 30

Dr. Stefan Wilm / Dr. W. Hager
Chorbuschstr. 66, 50765 Köln-Esch
Iel. 02 21 / 5 90 17 81, Fax 9 59 17 80

Dr.s Gerd Morltz u. Bernd Kotthott, Gemein-
schaftspraxis (Radiologon)
Pariser Platz, 50765 Köln
Tel. 02 21 / 70 30 26/27

Frau Dr. C. Maciejewski
Demmeringstr. 175 a , 04179 Leipzig
Tel. 03 41 / 4 80 41 82

Frau Dr. K. Rauch (Radiologin)
Lützner Str. 164, 04179 Leipzig
Tel. 03 41 / 4 77 23 25, Fax 4 77 23 38

Dr. Jörg Ferber
Nobelstr. 3, 51373 Leverkusen
Tel. 02 14 / 83 05 80, Fax 8 30 58 58

Dr. Winfried Lebmann (Radiologe)
Humboldtstr. 34, 51379 Leverkusen
Tel. 02 14 / 85 51 60

Frau Dr. W. Röckl
Schleissheimer Str. 69, 80797 München
Tel. 089 / 1 29 25 18

Dr. B. Dörflinger (Radiologe)
Augustenstr. 119, 80798 München
Tel. 089 / 54 24 00

Frau Dr. Mirsinoula Kamaterou-Munker
Augsburger Str. 19, 80337 München
Tel. 089 / 26 85 43, Fax 23 23 07 08

Dr. D. Pikuth
Klinik für Diagnostische und Interventionelle
Radiologie
Klinikum Caritasklinik St Theresia
Rheinstrasse 2, 66113 Saarbrücken

Dr. D. Wolf
Heilbronner Str. 41, 70191 Stuttgart
Tel. 07 11 / 29 74 89

Dr. G. Peteler
Schiestlstr. 33/35 , 97080 Würzburg
Tel. 09 31 / 2 18 25

Dr. M. Helzel (Radiologe)
Herzogenstr. 7, 97070 Würzburg
Tel. 09 31 / 1 78 00

Adressen der Government Business Development Agencies

New South Wales

Business Migrant Information and Referral
Service
NSW Dep. of State and Regional
Development
Level 43, Grosvenor Place
225 George Street, Sydney, NSW 2000
Postal Address: PO Box N818
Grosvenor Place, Sydney, NSW 1220
Tel. 0061 / 2 / 9338 6600
Fax 0061 / 2 / 9338 6676
E-Mail: first@business.nsw.gov.au
www.snallbiz.nsw.gov.au

Victoria

Business Migration
Dep. for Victorian Communities
Level 15, 1 Spring
Melbourne, ViC 3000
Postal Address: GPO Box 2392 V
Melbourne, VIC 3000
Tel. 0061 / 3 / 9208 3319
Fax 0061 / 3 / 9208 3316
E-Mail: business.migration@dvc.vic.gov.au
www.LiveInVictoria.gov.au

Queensland

Business Migration

Dep. of State Development

111 George Street, Brisbane QLD 4000

Postal Address: PO Box 168, Albert Street

Brisbane QLD 4002

Tel. 0061 / 7 / 3224 8576

Fax 0061 / 7 / 3404 3692

E-Mail: migration@qld.gov.au

www.migration.qld.gov.au

Western Australia

Small Business Development Corporation

553 Hay Street, Perth WA 6000

Postal Address: GPO Box C111

Perth WA 6001

Tel. 0061 / 8 /9220 0222

Fax 0061 / 8 / 9221 1132

E-Mail: info@sbdc.com.au

www.businessmigration.sbdc.com.au

South Australia

Immigration South Australia

The Dep. of the Premier and Cabinet

Level 3, AON House

63 Pirie Street

Adelaide SA 5000

Postal Address: GPO Box 2343

Adelaide SA 5001

Tel. 0061 / 8 / 8204 9250

Fax 0061 / 8 / 8204 9244

E-Mail: immigration.sa@state.sa.gov.au

www.immigration.sa.gov.au

Tasmania

Export and Market Development

Dep. of Economic Development

22 Elizabeth Street, Hobart TAS 7000

Postal Address: GPO Box 646

Hobart TAS 7001

Tel. 0061 / 3 / 6233 5888

Fax 0061 / 3 / 6233 5800

E-Mail:

businessmigration@development.tas.gov.au

www.development.tas.gov.au

Northern Territory

Dep. of Business, Industry and Resource

Development

Develpoment House, 76 The Esplanade

Darwin NT 0800

Postal Address: GPO Box 3000

Darwin NT 0801

Tel. 0061 / 8 / 8982 1700

Fax 0061 / 8 / 8999 6096

E-Mail: migration.dbird@nt.gov.au

www.migration.nt.gov.au

Australian Capital Territory

Business ATC, Chief Minister's Dep.

Level 2, Nara Centre

Cnr London Circuit & Constitution Av.

Canberra City ACT 2601

Postal Address: PO Box 158

Canberra ACT 2601

Tel. 0061 / 2 / 6205 0725

Fax 0061 / 2 / 6205 0636

E-Mail: businessmigration@act.gov.au

www.business.act.gov.au

Übersicht: Internetadressen

Allgemeine Informationen zu Australien und Auswandern
www.australien-info.de   Für den ersten Überblick
www.australiashop.com   Literatur, Kataloge, Broschüren, Booklets
www.australienauswandern.de   Site zum vorliegenden Buch mit Linklisten,
                                    Aktualisierungen und Forum

Tourismus-Adressen
www.australia.com   Australian Tourist Commission
www.southaustralia.com   South Australian Tourist Commission
www.westernaustralia.net   Western Australia Tourist Commission
www.sydneyaustralia.com   Tourism New South Wales
www.qttc.com.au   Tourism Queensland
www.queensland.de   Tourism Queensland
www.australias-northern-territory.de Northern Territory Tourist Commission
www.visitmelbourne.com/de   Tourism Victoria
www.tourismtasmania.com.au   Tourism Tasmania

Vertretungen, Botschaften etc.
www.germanembassy.org.au   Deutsche Botschaft in Australien
www.austriaemb.org.au   Österreichische Botschaft in Australien
www.eda.admin.ch/australia   Schweizer Repräsentant in Australien
www.australian-embassy.de   Australische Botschaft Berlin
www.australian-embassy.at   Australische Botschaft Wien
www.australianconsultancy.com   Australian Immigration and Trade Services (CH)

Offizielle Info-Adressen rund ums Auswandern
www.bundesverwaltungsamt.de   Infos für Auswanderer und Auslandstätige
www.immi.gov.au   Australische Einwanderungsbehörde (DIMA)
www.immi.gov.au/allforms/index.htm Übersicht über erhältliche Booklets und
                                    Formulare, Download-Bereich
www.immi.gov.au/migration/skilled/modl.htm
                                    aktuelle Informationen über die MODL
www.immi.gov.au/migration/skilled/sol.htm aktuelle Informationen über die SOL
www.immi.gov.au/skills/index.htm   Informationen zur „Skill Matching Database"
www.ielts.org   Sprachtests Englisch
www.themara.com.au   Migration Agents Registration Authority
www.germany.org.au   Deutsch-Australische IHK
www.abs.gov.au   Australisches Statistikbüro

Government Business Development Agencies

www.smallbiz.nsw.gov.au	New South Wales
www.LiveInVictoria.vic.gov.au	Victoria
www.migration.qld.gov.au	Queensland
www.businessmigration.sbdc.com.au	Western Australia
www.immigration.sa.gov.au	South Australia
www.development.tas.gov.au	Tasmania
www.migration.nt.gov.au	Northern Territory
www.business.act.gov.au	Australian Capital Territory

Jobsuche

www.workplace.gov.au	Infoseite über Jobs in Australien
www.dewrsb.gov.au	Abteilung für Arbeit und Arbeitsplätze
www.jobsguide.com.au	Hilfe zur Jobsuche
www.mycareer.com.au	Jobsuche und Karriereinformationen
www.jobguide.detya.gov.au	Job Guide
www.detya.gov.au/noosr	Fachliche Anerkennung ausländischer Berufe

Einreise

www.immi.gov.au/visitors	Informationen zu Zoll und Quarantäne
www.customs.gov.au	Australiens Zollservice

Soziale Sicherheit

www.hic.gov.au	Informationen zu Medicare
www.centrelink.gov.au	Informationen rund um Sozialleistungen

Schulen / Universitäten in Australien

www.dest.gov.au	Schulbehörden (State Dep. of Education)
www.germanschoolsydney.com	Die deutsche Privatschule in Sydney
www.studentnet.edu.au	Eine Lerngemeinschaft im Internet
www.ais.act.edu.au	Verb. der unabhängigen Schulen
www.ais.vic.edu.au	Verb. der unabhängigen Schulen in Victoria
www.aist.tas.edu.au	Verb. der unabh. Schulen in Südaustralien
www.ais.wa.edu.au	Verb. der unabh. Schulen in Westaustralien
www.ncisa.edu.au	Nationale Versammlung von unabhängigen Schulen Australiens
www.studyinaustralia.gov.au	Offizielle Seite für internationale Studenten
www.edna.edu.au	Education Network Australia
www.ranke-heinemann.de	Dt. Infos zu allen australischen Universitäten

VIII. Register

Sachregister

Kosten Auswanderung 46 ff.
Krankenkasse 123
Krankheit 131
Kündigungen 124
Kunst / Kultur 63 f.

Labour Agreements (LA) 34
Landwirtschaft 70
Literatur 64

Malerei 64
MARA 49 f.
Maße / Gewichte 147
Medicare 131
Medien 48
Mietwohnung 129
Migrant Resource Centre 132
Migration Agents Registration
  Authority (MARA) 49 f.
Migrations in Demand
  List (MODL) 26, 64, 154
Musik 64

Nominator 23
Nominierung 23

Occupational English
  Test (OET) 27
Olympiade 69
Österreich 51
Österreichische Vertretung in
  Australien 51
Other Family Migration 31 f.
  -Aged Dependent Relative 31
  -Carer 31 f.
  -Remaining Relative 31
Outback 141 f.

Panel Doctor 49
Parent Migration 30 f.

Parent Migration
  -Aged Parent 30
  -Designated Parents 30 f.
  -Working Age Parent 30
Partner Migration 28
Pass Mark 38, 41, 156
Pflegedienst 32
Pflegepersonen 31 f.
Police good conduct certificate 21
Politik 69
Polizeilich. Führungszeugnis 21, 49
Pool Mark 38, 156
Praktikant 22
Privatschulen 135 f.
Prospective Marriage 28
Punkte für Punktetest 155
Punktetest 26, 38

Quarantänevorschriften 126

Regenzeit 58
Regional Headquarters
  Agreements (RHQ) 34
Regional Sponsored Migration
  Scheme (RSMS) 33 f.
Rente 123
Reservate 55
RSMS 33 f.

Schulsystem 133 ff.
Schweiz 51 f.
Schweizer Vertretung in
  Australien 52
Sea Wasp 62
SEATO 68
Skill Matching Database 36
Skill Migration 32 ff.
Skill stream 23
Skilled Migration, Kosten 48
Skilled Migration, Business 39 ff.

Ortsverzeichnis

Coff's Harbour 78
Coober Pedy 112
Coolgardie 116
Coorong N.P. 111
Cradle Mountain 106

Dandenong Ranges 98
Darwin 92
Derby 117
Devonport 106
Dubbo 80

Esperance 115
Euroa 101

Fleurie Peninsula 110
Flinders Range 112
Fraser Island 87
Fremantle 115

Geelong 100
Gippsland 100
Gold Coast 85
Gove Peninsula 93
Grafton 78
Grampians 102
Great Barrier Reef 87 f.
Great Ocean Road 100
Gulgong 80

Hawkesbury 76
Hobart 104
Hunter Valley 77
Huonville 705

Kakadu N.P. 92
Kalgoorlie/Boulder 116
Kangaroo Island 111
Katherine 94
Katoomba 76

Kiama 77
Kimberley Plateau 116
Kings Canyon 95
Kununurra 117

Launceston 106
Lismore 79

Mackay 88
Maroochydore 85
Melbourne 98
Melville Island 93
Moreton Bay Islands 85
Mornington Peninsula 99
Mount Field N.P. 1065 f.
Mount Gambier 111
Mount Isa 90

Nambur 86
Never-Never 93
New England 78
New Norfolk 105
New South Wales 73 ff.
Newcastle 77
Noosa Heads 86
Northam 115
Northern Territory 90 ff.

Olgas 96

Perth 114
Phillip Island 99
Port Arthur 105
Port Douglas 90
Port Macquaire 78

Queensland 83 ff.

Richmond 105
Rockhampton 88